MARCO ⊕ POLO

Hamburg

Reisen mit Insider Tipps

‖‖‖‖‖‖‖‖‖‖‖‖‖‖‖‖‖‖

W0171477

Diesen Reiseführer schrieb Jörg Albrecht,
viele Jahre Autor der ZEIT in Hamburg.
Die Aktualisierung besorgte
Dorothea Heintze.

www.marcopolo.de

Infos zu den beliebtesten Reisezielen
im Internet, siehe auch Seite 101

SYMBOLE

MARCO POLO INSIDER-TIPPS:
Von unseren Autoren für Sie entdeckt

★ **MARCO POLO HIGHLIGHTS:**
Alles, was Sie in Hamburg kennen sollten

✵ **HIER HABEN SIE EINE SCHÖNE AUSSICHT**

🏃 **WO SIE JUNGE LEUTE TREFFEN**

PREISKATEGORIEN

Hotels	
€€€	über 180 Euro
€€	120–180 Euro
€	bis 120 Euro

Die Preise gelten pro
Nacht für zwei Personen
im Doppelzimmer (nicht
immer mit Frühstück).

Restaurants	
€€€	über 20 Euro
€€	12–20 Euro
€	bis 12 Euro

Die Preise gelten für
ein durchschnittliches
Hauptgericht ohne
Getränke.

KARTEN

[108 A1] Seitenzahlen und Koordinaten
für den Cityatlas Hamburg und die Übersichtskarte
Hamburg mit Umland auf S. 126/127

U-/S-Bahn-Plan im hinteren Umschlag

Zu Ihrer Orientierung sind auch die Objekte mit
Koordinaten versehen, die nicht im Cityatlas
eingetragen sind.

GUT ZU WISSEN

INHALT

Die wichtigsten
MARCO POLO Highlights

Sehenswürdigkeiten, Orte und Erlebnisse, die Sie nicht verpassen sollten

 Chilehaus & Sprinkenhof
Backstein, Backstein, Backstein – hanseatische Kontorhausarchitektur in höchster Vollendung (Seite 20)

 Michaeliskirche
Die Michaeliskirche mit ihrem charakteristischen Turm, dem »Michel«, war und bleibt das Wahrzeichen der Stadt – am schönsten zu erfahren bei einem Chorkonzert (Seite 23)

 Rathaus/Rathausmarkt
Imposantes Zeugnis hanseatischen Selbstbewusstseins auf 4000 Pfählen (Seite 23)

 Hafen
Landungsbrücken, Speicherstadt und Hafencity sind ein absolutes Muss für jeden Besucher (Seite 24)

 Hagenbecks Tierpark
Der Klassiker unter den Zoos mit nagelneuem Orang-Utan-Haus. Einmalig! (Seite 28)

 Ohlsdorfer Friedhof
Europas größter Friedhof, ein friedlicher Park und viele Berühmtheiten (Seite 29)

 Blankenese
Italien in Hamburg – am schönsten im Treppenviertel mit Blick auf die Elbe (Seite 32)

Café am Jungfernstieg

Idyll am Elbhang: Blankenese

 Jungfernstieg
Hamburgs Visitenkarte an der
Binnenalster, frisch renoviert
und herrlich zum Bummeln
am Wasser (Seite 37)

 Hamburger Kunsthalle
Die beeindruckende
Sammlung garantiert eine
spannende Zeitreise durch
die gesamte abendländische
Kunstgeschichte (Seite 41)

 **Museum für
Kunst und Gewerbe**
Design, Mode, Jugendstil-
möbel und Kunsthandwerk –
und dazu Hamburgs schönstes
Museumscafé (Seite 42)

 Louis C. Jacob
Dinner for you: Spitzenküche
mit berühmter Terrasse und
Elbblick (Seite 48)

 Fischmarkt
Noch immer ein Muss für
jeden Hamburg-Besucher –
wenn Aal-Dieter & Co
loslegen, kommt Stimmung
auf (Seite 62)

Fritz Högers Chilehaus

 Schmidt-Theater
Die Kultbühne auf der
Reeperbahn – der Kiez, wie
er singt und lacht (Seite 84)

 Thalia-Theater
Alles dabei: niveauvolles
Theater zum Träumen und
Diskutieren (Seite 85)

 Alster
Ob zu Fuß drum rum oder
mit dem Schiff »überwech« –
die blaue Lunge verleiht der
Hansestadt ihre einmalige
Atmosphäre (Seite 88)

 Die Highlights sind in der Karte auf dem hinteren Umschlag eingetragen

5

Entdecken Sie Hamburg!

Hamburger sind unfreundlich, steif und kümmern sich nur ums Geschäft, sagt man. Doch sie können auch anders

Über Hamburg ist im Laufe seiner Geschichte schon viel Unsinn verbreitet worden. Glauben Sie nichts davon, es ist alles nicht wahr. Es stimmt zum Beispiel nicht, dass Hamburg am Meer liegt. Bis zur Nordsee fehlen noch mehr als 100 km. Es stimmt auch nicht, dass es in Hamburg ohne Unterlass regnet. In München fällt sogar mehr Wasser pro Quadratmeter und Jahr vom Himmel als hier. Und es stimmt nicht, dass in Hamburg ausschließlich »Fischköppe« leben. Gehen Sie über den Eppendorfer Isemarkt oder im Sommer an den Elbstrand bei Övelgönne – Sie werden Ihr blaues Wunder erleben.

Hamburg bietet wenig Superlative, und die sind auch noch wenig Aufsehen erregend: die zweitgrößte Stadt der Republik, der zweitgrößte Friedhof der Welt. Die Stadt der Brücken (genau 2496) und der Millionäre (deren Zahl nicht mal die Finanzbehörde kennt). Aber das alles ist es nicht. Was Hamburg wirklich ausmacht, ist ein bestimmtes Lebensgefühl. Mancher spürt es

Unvergessen: Hans Albers

sofort, mancher nie, diese Mischung aus Fernweh und Patriotismus. Hamburg macht Sehnsucht – einerseits. Wen es nicht packt, wenn bei Nebel am Hafen die Schiffe tuten, der wird es nie begreifen. Andererseits: Hamburg macht sesshaft. Man winkt den Schiffen hinterher – und bleibt. »Tor zur Welt« nennt sich die Hansestadt stolz. Doch auf dem Stadtwappen bleibt das Tor fest verschlossen.

An Hans Albers denken Gäste womöglich, wenn sie zum ersten Mal nach Hamburg kommen. Von St. Pauli hat man gehört und von der Reeperbahn. Auf den Michel steigt man, füttert die Möwen und fährt mit dem Gefühl nach Hause, das meiste gesehen zu haben. Auch das ist ein Irrtum. Nicht mal die Hamburger kennen ihre Stadt ge-

Markanter Blickfang am Hafenrand: der Uhrturm der St.-Pauli-Landungsbrücken

nau. 74 km^2 umfasst allein der Hafen – hier wird zugeschüttet, da wird ausgebaggert, hier wird aufgespült, da wird planiert. Zimperlich ist man nicht an der Elbe. Diese Stadt, das erkannte schon der frühere Baudirektor Fritz Schumacher, ist »ganz und gar ein Produkt der technischen Energie ihrer Bewohner«.

Eines allerdings stimmt: Hamburgs Klima ist nichts für schwache Nerven. Hier fahren die Tiefs und Hochs häufig Achterbahn. Das bedeutet, je nachdem, steifer bis strammer Nordwest. Steht die Barometernadel ausnahmsweise still, kann das zur Folge haben, dass die Wolken tagelang wie Beton am Himmel hängen. Der Hamburger Winter kennt kaum Schnee, dafür endlose Variationen zum Thema Niesel-, Sprüh- und Graupelregen. Den wahren Hamburger lässt das kalt. »Schmuddelwetter«, räumt er höchstens ein, doch »da hinten klart's wieder auf.« Beim geringsten Anzeichen einer Wetterbesserung holt er das Cabrio aus der Garage, und wenn die Schneeglöckchen sprießen, öffnen die Eisdielen. Man ist den Elementen hier stärker ausgesetzt als anderswo, und das mag ein Grund dafür sein, dass sich die, die es an der Elbe aushielten, über Generationen hinweg zu einem zähen Schlag entwickelt haben.

Stur ist der Hamburger von Natur. Und obendrein »plietsch«, das ist Plattdeutsch: Ein »plietscher Jung« ist einer, der weiß, wo's lang geht – ein schlaues Kerlchen also. Noch immer haben es die Hanseaten verstanden, aus ihrer Lage das Beste zu machen. Dazu gehört, dass man sich nach Möglichkeit arrangiert. Nicht nur mit dem Wetter. So hat es die Stadt tausend Jahre lang geschafft, sich aus militärischen Konflikten herauszuhalten.

Spricht man eingefleischte Hansestädter auf die Vergangenheit an, dann winden sie sich meist. Ein schwaches Gedächtnis hilft, unbekümmert in die Zukunft blicken zu können. Immer nach vorn: »Zurück darf kein Seemann schau'n«, verkündete ja schon Hans Albers. So hat es der Hamburger gern. Verschütteter Milch weint er keine Träne nach. Man kann ihn herzlos nennen, arrogant, sogar selbstverliebt, aber eines ganz bestimmt nicht, nämlich faul. Immer wieder hat sich die Stadt aufgerappelt. Nach einem Großfeuer im Mai 1842 musste praktisch die gesamte Innenstadt neu aufgebaut werden – die Hamburger haben es ohne Zögern angepackt. Wie hundert Jahre später nach dem Zweiten Weltkrieg, als fünfzig Prozent aller Wohnungen und achtzig Prozent der Hafenanlagen in Schutt und Asche lagen. Da saßen die Überlebenden wieder in den Trümmern und machten sich mit dem Heimkehrer Wolfgang Borchert Mut: »Hamburg! Das ist mehr als ein Haufen Steine, Dächer, Fenster, Betten ...«

Aber was? Es kann nicht das Rathaus sein, obwohl es zweifellos ein besonders großes Rathaus ist. Es kann nicht der Michel sein, denn der ist zwar eine schöne barocke Kirche, aber nicht die einzige der Welt. Es kann nicht die Kunsthalle sein und nicht der Flughafen, nicht der Fischmarkt und nicht der Jungfernstieg – also alles das nicht, was Hamburger ihren Gästen so zeigen.

> **Zurück darf kein Seemann schau'n**

Hamburg ist mehr als die Summe seiner Teile, Hamburg ist ein Gesamtkunstwerk. Eines, das entstanden ist, weil man gar kein Kunstwerk vor Augen gehabt hat, sondern einen Ort, wo man einfach nur anständig leben kann.

In Zahlen (inklusive der Elbinseln Neuwerk und Scharhörn): 1,74 Mio. Einwohner, verteilt auf 104 Stadtteile. 55 km^2 Naturschutzgebiet, 61 km^2 Wasserfläche. Renommierte Bühnen wie das Deutsche Schauspielhaus sind hier zu Hause, die Hamburgische Staatsoper, das Thalia-Theater, außerdem zwölf Hochschulen, darunter fünf Universitäten, fünfzig Museen, der HSV, der FC St. Pauli, das Tennisturnier am Rothenbaum, das Deutsche Derby in Hamburg-Horn. Das alles gibt es hier, und der Hamburger ist stolz darauf. Aber wenn er ehrlich ist, würde er selbst dann hier ausharren, wenn es das alles nicht gäbe.

>> *Hamburg ist ein Gesamtkunstwerk* <<

Kommen wir zu dem, was Hamburg lebenswert macht. Erstens: Hamburg ist demokratisch. Eh und je gewesen, und zwar oben wie unten. Bis heute verbietet es das Protokoll dem Hamburger Stadtoberhaupt, Gästen auf der Rathaustreppe entgegenzukommen. Als Wilhelm II. seinerzeit anreiste, redete ihn der damalige Bürgermeister keinesfalls mit »Majestät« an, sondern mit »erhabener Bundesgenosse«. Später ging er zum Terminus »Kollege« über. Eine Ausnahme machte Bürgermeister Max Brauer für Queen Elizabeth II., aber nur, weil es sich um eine Dame handelte. So etwas färbt ab, bis in die breitesten Schichten. Eine Schickeria Münchner Zuschnitts hat sich in Hamburg nicht entwickelt. Es gibt ein paar wechselnde Treffs der Schönen und Prominenten, aber auch die werden meist nach wenigen Monaten vom »Volk« aus den Vorstädten erobert.

So haben es die Hamburger gern: an der Alster in der Sonne sitzen

9

Die historischen Giebelhäuser der Deichstraße am Nikolaifleet

Zweitens: Regiert wurde es jahrzehntelang von der SPD – bis 2001. Dann gewann der CDU-Kandidat Ole von Beust die Wahl, musste aber mit der FDP und der Schill-Partei eine Koalition eingehen. Dass ausgerechnet die feinen Hanseaten den Krawallmacher Ronald Schill zum Innensenator machten, daran will man sich am liebsten nicht mehr erinnern. Alle waren von Beust dankbar, als er dem Spuk im Herbst 2003 ein Ende bereitete und Schill feuerte. Seit 2004 regiert von Beust nun allein. Und er macht das gar nicht mal so schlecht, finden die Hamburger. Das Senatsprojekt »wachsende Stadt« scheint zu funktionieren. Zum ersten Mal seit Jahren steigt die Einwohnerzahl wieder an. Und so wird hier im Vergleich zu anderen Städten wenig gemeckert. Zumindest so lange die Kasse stimmt. Unruhe passt den Hamburgern nicht. Konservativ ist der Kaufmann, konservativ der Punk. Hände weg von der Speicherstadt! Hände weg vom Schanzenviertel! Und

Konservativ, bescheiden, tolerant

auch in Sasel oder Nienstedten liebt man hinter dichten Rhododendren vor allem das Beständige.

Drittens: Hamburg ist bescheiden. Geprotzt wird nicht – oder eher selten. Man legt allenfalls Wert auf die Adresse. Besonders natürlich da, wo man eine hat, z. B. rund um die Alster.

Viertens: Hamburg ist leise. Wer hupt, kommt aus der Provinz. Wer Küsschen links und rechts gibt, ist vermutlich »beim Fähnsehn«. Dem Hamburger reicht zur Begrüßung ein frisches »Moin!«. Nur im Ausland sagt der Hamburger »Moin Moin«. Das allerdings beginnt schon hinter den Harburger Bergen. Begeisterung zeigt der Hamburger still, Überwältigung nie.

Fünftens: Hamburg ist tolerant. Man hat Dänen, Franzosen, Engländer, Holländer, Japaner und Österreicher kommen sehen. Und wieder gehen. Wenn sie partout dableiben wollten, war es auch recht. »Quiddjes«, also Zugereiste, sind an der Elbe willkommen, sofern sie etwas

Geld mitbringen, wofür man ihnen früher an der Stadtgrenze eine Quittung, das »Quiddje«, ausgestellt hat. »An der Alster, an der Elbe, an der Bill«, heißt es im Volksmund, »kann ein jeder machen, was er will.« Schwule Ehe? Mit kirchlichem Segen. Homosexuelle Politiker? Kein Thema. Allein Erziehend? Ist hier praktisch jeder – ein Viertel aller Hamburger (jeder zweite Haushalt) lebt solo.

Weltoffene, urbane Vielfalt

Bedenken Sie das alles, wenn Sie nach Hamburg kommen. Und vergessen Sie alles wieder. Machen Sie sich Ihr eigenes Bild. Gehen Sie vom Hein-Köllisch-Platz durch St. Pauli runter zur Hafentreppe. Diesen Weg sind früher täglich Zehntausende gegangen, auf dem Weg zur Arbeit im Hafen. Unterhalb der besetzten und inzwischen legalisierten Hafenstraßenhäuser stehen noch die Reste der Kasematten, wo Pferde und Fuhrwerke untergestellt wurden. Oder erkunden Sie die Gegend rund um die Außenalster. Eine Fahrt mit dem Alsterdampfer gehört zum Pflichtprogramm.

Oder fahren Sie auf die andere Elbseite auf die Veddel zu den »Fünfziger Schuppen«. Hier restaurieren ehemalige Elbschiffer alte Hafenkräne und Schuten für ein zukünftiges Hafenmuseum. Blicken Sie vom Kai Hansahöft übers Wasser in die Zukunft: Hamburgs Hafencity ist längst keine Vision mehr, sondern täglich wachsende Realität. Streifen Sie durch St. Georg, durch Ottensen, durch Blankenese: So verschieden kann es aussehen, wenn Menschen dicht an dicht leben. Und wenn Sie die Innenstadt abgegrast haben, bleibt hoffentlich noch eine Minute Zeit. Die sollten Sie am Jungfernstieg stehen bleiben. Im Haus Nr. 22, Ecke Große Bleichen, ist Matthias Claudius gestorben, Redakteur des »Wandsbeker Boten« und Autor eines berühmten Liedes über den Mond, von dem die meisten nur die erste und letzte Strophe kennen, die wenigsten aber den Rest: »Wir stolze Menschenkinder sind eitel arme Sünder und wissen gar nicht viel ...« Dann wissen Sie immerhin das.

Behalten Sie den Überblick

Höhepunkte in Hamburg

Sicher, Hamburg liegt im Flachland. Umso schöner ist der Blick von oben. Fahren Sie oberirdisch mit der Linie U 3 von den Landungsbrücken zum Rathaus: ein Logenplatz auf Stelzen mit Hafenblick. Den besten Überblick über die Innenstadt gibt's vom Dachgeschoss des Karstadt-Sporthauses an der Mönckebergstraße. Spektakulärer (aber auch teurer) ist die Fahrt mit dem Fesselballon *Highflyer* vor den Deichtorhallen: 150 m steigt er in die Höhe – wenn es das Wetter erlaubt *(tgl. 10–22, im Sommer bis 24 Uhr, ca. 15 Min., 15 Euro, Info- und Wetterhotline: Tel. 30 08 69 69, www.highflyer-hamburg.de). Deichtorplatz, U 1, Steinstraße*

Auf der Elbchaussee nachts um halb eins

**In Hamburg dreht sich alles um den Hafen.
Die alten Villen und die neuen Büropaläste
der »Pfeffersäcke« prägen das Stadtbild**

Airbus

Äpfel und Fische oder Arbeitsplätze – über kaum ein anderes Thema wurde in den letzten Jahren so erbittert gestritten wie über das Millionenprojekt der Airbusindustrie auf der Südseite der Elbe. Auf dem riesigen Gelände wird ein Teil des größten Zivilflugzeugs der Welt, des Airbus A 380, montiert. An die 10 000 Menschen arbeiten heute hier, 700 Mio. Euro Investitionen tätigte Hamburg bisher für das Prestigeobjekt. Das einstige Naturidyll Mühlenberger Loch ist zu einem Drittel zugeschüttet, und das Dorf Neuenfelde im Alten Land sieht sich durch die Verlängerung der Startbahn in seiner Existenz bedroht, ebenso die alte Dorfkirche mit ihrer kostbaren Arp-Schnitger-Orgel. Was am Ende wirklich zählt? In zehn Jahren wissen wir mehr ...

Architektur

Jahrzehntelang geschah nicht viel Aufregendes: Es wurde abgerissen und wieder aufgebaut, mal im klassisch-roten Backstein, mal mit viel

*Tradition und Moderne:
Hinter dem Verlagshaus von
Gruner+Jahr ragt der Michel empor*

Glas und Stahl. Doch seit einigen Jahren mausert sich Hamburg zum Spielplatz experimentierfreudiger Bauherren und Architekten. Zu sehen ist dies z. B. am Elbberg-Campus an der Großen Elbstraße, am ABC-Bogen in der City oder auf dem umgewidmeten Gelände beim Alten Gaswerk in Bahrenfeld. Auch im Kleinen gibt es viel Neues: so das Gemeindehaus der St. Nikolai-Kirche in Harvestehude von Carsten Roth oder der schneeweiße Bau der Reederei Rickmers am Alsterufer 26 von Richard Meier. Die größte Herausforderung für Bauherren und Stadtplaner ist die Bebauung des Hafenrandes und der Hafencity. Architekten aus aller Welt haben sich rund um Sandtor- und Dalmannkai verewigt. Jeden Monat wird ein neues Haus fertig. Mit der geplanten Elbphilharmonie auf dem Kaispeicher A soll Hamburg ein neues Wahrzeichen bekommen. Fachkundige Führungen zu diesem Thema (gut für Gruppen) bietet *A-Tour (Tel. 23 93 97 17, www.a-tour.de)*.

Auswanderer

Das größte Geschäft machten Hamburger Reeder zwischen 1850 und 1934 mit den Menschen, die Euro-

pa bettelarm den Rücken kehrten. 5 Mio. wanderten über Hamburg aus. Die Hamburg-Amerikanische Paketfahrt-Aktiengesellschaft, HAPAG, stieg damals zur größten Schifffahrtsgesellschaft auf. Der Wahlspruch des Direktors Albert Ballin war das Letzte, was die Emigranten in der Abfertigungshalle auf der Veddel zu sehen bekamen: »Mein Feld ist die Welt.« 80 Prozent gingen in die USA, der Rest nach Südamerika, Kanada, Afrika oder Australien. Wenn die Sponsorengelder wie geplant fließen, öffnet 2007 mit der Ballinstadt auf der Veddel ein Auswanderermuseum. Info: *www.ballin stadt.de; www.ltyr.hamburg.de*

Beach-Clubs
Tonnen feinsten, weißen Sandes, Palmen, Dünen, Strandbars, ein Pool, karibische Klänge und die unvermeidliche Caipirinha – wo man das alles findet? Klar, an der Costa Hamburga. Im Supersommer 2003 entstand an der Großen Elbstraße 134 der erste Beach-Club, der *Hamburger City Beach Club (HCBC)* – ein Erfolg ohnegleichen. Glücklich durfte sich schätzen, wer einen Liegestuhl abbekam. Es folgten weitere, mit schönen Namen wie *Lago Bay (Große Elbstraße)* oder *Strand Pauli (Hafenstr. 89)*. Im Herbst hat der Spaß ein Ende: Sand, Schirme und Strandhütten verschwinden in Plastiksäcken. Ostern geht's dann wieder los. Wer denkt, da sei es noch zu kalt in Hamburg, kennt die Hanseaten nicht: Wozu gibt's Wolldecken und Strandfackeln?

Elbchaussee
»Stern«-Herausgeber Henri Nannen fuhr 1983 mit seinem Verleger nach Hause, als ihnen vom Balkon einer Villa an der Elbchaussee der Reporter Gerd Heidemann zuwinkte. Nannen schwante Böses: »Der bescheißt uns.« Womit er Recht behalten sollte: Ein paar Millionen für den Ankauf der gefälschten Hitler-Tagebücher hatte Heidemann in die eigene Tasche gesteckt. Wie hätte er sich Hamburgs teuerste Straße anders leisten können? Man fragt sich das häufig beim Anblick der Immobilien zwischen Altona und Blankenese. Diskret versteckt oder protzig vorgedrängt, reiht sich ein Nobelobjekt ans nächste. Wo mal ein Grundstück frei wird, werden Millionärssilos gleich im Viererpack hoch gezogen. Und wofür? 40 000 Autos am Tag, Blick aufs Airbusgelände, Flugzeuge über der Terrasse. Wilhelm von Humboldt blickte einst vom Geestrücken noch in ein »Elysium«. Handelsbarone wie Caspar von Voght hatten den Elbhang nach englischem Vorbild in eine Parklandschaft verwandelt. Man fuhr vierspännig vor seinen Landsitzen vor, lebte auf großem Fuß. Nicht allzu viel davon ist geblieben: eine Handvoll Parks in städtischem Besitz, alter Baumbestand – und natürlich die Adresse: Elbchaussee.

Fußball
Als erste kickten die Schüler der ehrwürdigen Gelehrtenschule Johanneum mit dem aus England importieren *Foot-Ball*. Das war 1870. 1887 gründeten der Hohenfelder Sportclub und der Wandsbek-Marienthaler Sportclub den Sport-Club Germania, einen der drei Stammvereine des Hamburger Sport-Vereins (HSV), der 1919 durch den Zusammenschluss mit dem Hamburger FC und dem FC Falke 1906 zu seinem heutigen Namen kam. Das

Team im Zeichen der blau-weiß-schwarzen Raute trägt seine Heimspiele in der AOL-Arena in Stellingen aus – und ist als einzige Mannschaft seit Gründung der Bundesliga ununterbrochen in der höchsten Spielklasse dabei. Der freche, kleine Bruder ist jünger: Der FC St. Pauli gründete sich 1910, spielt am Millerntor und hofft auf den Aufstieg in die zweite Liga. Die Fangemeinde trägt braun-weiß und lässt sich durch nichts erschüttern. Infos: *www.hsv.de, www.fcstpauli.de*

Hafengeburtstag

Alle Jahre wieder wird er am 7. Mai bzw. dem nächstgelegenen Wochenende gefeiert. An diesem Tag im Jahre 1189 soll Kaiser Barbarossa dem Grafen Adolph von Schauenburg ein Privileg verliehen haben. Zollfrei durften die Hamburger fortan alle Waren auf der Unterelbe befördern. Ein Vertrag, der bestenfalls per Handschlag besiegelt wurde. Barbarossa war längst auf dem Kreuzzug nach Palästina. Er kam nicht mehr zurück. Das später aufgesetzte Dokument ist eine Fälschung.

Medienhauptstadt

Bis zum Mauerfall nannte Hamburg sich zu Recht deutsche Medienhauptstadt. Verlage wie Gruner+Jahr, Springer, Bauer und Jahreszeiten haben zwar noch ihren Hauptsitz an der Elbe, auch die Buchverlage Hoffmann & Campe sowie Rowohlt im Vorort Reinbek. Der NDR produziert Tagesschau und Tagesthemen. Im privaten Studio Hamburg entstehen Serien. Ein Dutzend der wichtigsten Werbeagenturen betrachtet Hamburg noch als kreatives Standbein. Aber der Sog nach Berlin ist immer noch zu spüren.

Pfeffersäcke

Sammelbegriff für den Typ des knickerigen Hamburger Kaufmanns: reich, hartherzig, ohne Verstand für alles, was nicht mit Geld zu tun hat. Heinrich Heine, dessen Onkel Salomon ein echter Pfeffersack war, bescheinigte ihm »die ganze Anmut einer Preisliste, die Liebenswürdigkeit einer Rechnung, ja, die Artigkeit eines Frachtbriefes«. Das hinderte ihn aber nicht daran, Salomon Heines Schecks anzunehmen.

Hier wächst etwas zusammen: Speicherstadt und Hafencity

Feste, Events und mehr

Hamburger nutzen jede Gelegenheit zum Feiern. Anlässe dazu gibt's genug

Die Hanseaten lieben ihre Feste – den Dom genannten Jahrmarkt ebenso wie das Derby, die Tennismeisterschaft ebenso wie die unzähligen Marathons, Halbmarathons, Rad- oder Skaterrennen, für die

Marathon: ein Volksfest

Woche für Woche die halbe City gesperrt wird. Vor allem aber lieben sie ihre Straßenfeste. Die Aufzählung aller Events sprengt jeden Rahmen.

Feiertage

Die üblichen im protestantischen Teil Deutschlands. **1. Jan.; Karfreitag; Ostermontag; 1. Mai; Himmelfahrt; Pfingstmontag; 3. Okt.; 25./26. Dez.**

Veranstaltungen
April
Marathon. 42 km durch die Stadt. *www.marathon-hamburg.de*

April/Mai
Internationale Tennismeisterschaften. *Rothenbaumchaussee. U 1, Hallerstraße*

Mai
Lange Nacht der Museen. Bis spät nachts Museen besuchen (nur einmal zahlen), kostenlose Shuttlebusse

Insider Tipp *Japanisches Kirschblütenfest.* Feuerwerk an der Alster, bester Ausblick von den Alsterwiesen

★ *Hafengeburtstag.* Großer Jahrmarkt an den Landungsbrücken, an einem Wochenende Anfang Mai; die Schlepper tanzen Ballett.

Mai/Juni
Deutsches Spring-Derby Klein Flottbek. Eines der berühmtesten Derbys der Welt. *Derbypark, S 1, Klein Flottbek* Die *Dschungelnächte* verwandeln Hagenbecks Tierpark in einen Urwald. *Mai/Juni mehrere Sa, Termine Tel. 540 00 10, Lokstedter Grenzstr. 2, U 2, Hagenbecks Tierpark*

Juni/Juli
Derby-Woche auf der Rennbahn Horn – mondän. *Rennbahnstr. 96, U 3, Horner Rennbahn*

Schlagermove. Hossa-Party und Festival der Liebe auf dem Heiligengeistfeld. *www.schlagermove.de Hamburger Balletttage.* John Neumeiers Ballett fasziniert. *Staatsoper, www.hamburgballett.de*

Juli

Insider Tipp *Hamburger Jedermann.* Freilichttheatererlebnis in der Speicherstadt; bis Ende Aug. an den Wochenenden. *Auf dem Sande/Sandbrücke Jazzport.* Jazz der experimentellen Art. *Deichtorhallen, Hafencity, Festzelt Hamburg Harley Days.* Internationales Harley-Treffen. 600 000 Biker feiern am Hafen und auf der Reeperbahn.

Juli/August

Schleswig-Holstein Musik Festival. Europas größtes Klassikfestival; ein Monat lang in Scheunen und Sälen des benachbarten Bundeslandes. *Vattenfall-Cyclassics.* Spannendes Radrennen für Profis und Amateure. *Christopher Street Day.* Einst nur für die schwule Gemeinde, heute buntes Straßenfest mit Umzug. *St.Georg, Landungsbrücken*

August/September

Jazz in Hamburg. Openair-Jazz in Planten un Blomen; ein Wochenende Ende Aug. *Eintritt frei, S-Bahn Dammtor Alstervergnügen* rund um die Binnenalster. Würstchenbuden, Musik, Laientheater. *Binnenalster*
★ *Hamburg City Man.* Triathleten schwimmen durch die Binnenalster, radeln und laufen; bester Platz zum Zuschauen: Alsterarkaden

September/Oktober

Internationales Filmfest Hamburg. Pflichttermin für Cineasten. *www.filmfesthamburg.de*

Dezember

Ab Ende Nov.: Weihnachtsmärkte *Silvesterfeuerwerk* am Hafen. *S- und U-Bahn Landungsbrücken*

Mehrmals im Jahr

Dom. Achterbahn, Riesenrad etc. Frühling, Sommer, Spätherbst. *Heiligengeistfeld, U 3, Feldstraße, St. Pauli*
★ *Queen Mary 2.* Jeder Besuch wird ein Fest. Der größte Luxusliner der Welt läuft 2006 am 16. Juli, am 25. Aug. und im Nov. Hamburg an.

Trabrennen auf der Bahrenfelder Trabrennbahn am Volkspark. *Tel. 899 65 80, Luruper Chaussee 30, Metrobus 3, Trabrennbahn*

Dom auf dem Heiligengeistfeld

Hafen, Parks, Villen und Kontorhäuser

Entdecken Sie die schönsten und skurrilsten Ecken der Stadt mit dem Schiff, dem Bus oder der Bahn

Die angenehmste Art, Hamburg kennen zu lernen, ist die vom Schiff aus. Halbstündlich geht es von den St.-Pauli-Landungsbrücken zur Hafenrundfahrt; zwischen April und Oktober verkehren die Alsterschiffe regelmäßig vom Jungfernstieg aus. Wenn Sie es irgendwie einrichten können: Mieten Sie sich bei gutem Wetter ein Segel-, Ruder-, Paddel- oder Tretboot und fahren Sie ganz in Ruhe die Kanäle um die Alster ab. Sightseeing von der Straße aus ist ebenfalls möglich: Stündlich brechen vom Hauptbahnhof die Busse zu Stadtrundfahrten auf.

Wenn Sie auf eigene Faust losziehen: Lassen Sie das Auto stehen. Überall dort, wo es interessant ist, finden Sie ohnehin keinen (freien) Parkplatz. Besser sind die vielen Angebote des HHV: Tages- und Mehrtageskarten oder auch die *Hamburg Card* sowie vor allem die neue *Metropol Card*, die Ihnen zusätzlich zu den Freifahrten auf Bus und Bahn die Türen vieler Sehenswürdigkeiten kostenlos öffnen – bis weit nach Niedersachsen, Schleswig-Holstein und Mecklenburg-Vorpommern hinein.

Chilehaus: expressionistische Backsteinarchitektur in Vollendung

Entspannen am Alsterufer

BAUWERKE

Alter Elbtunnel   **[122 A–B5]**
Galt bei seiner Eröffnung 1911 als technisches Wunderwerk und ist bis heute in Betrieb. Personen werden gratis, Autos gegen Gebühr mit dem Fahrstuhl nach unten transportiert und fahren unter der Elbe durch nach Steinwerder. Von dort *phantastischer Blick auf Hafen und Landungsbrücken.* Fußgänger, Radfahrer, Skater rund um die Uhr; Autos Mo–Fr 5.30–20 Uhr; S 1 und 3, U 3, Landungsbrücken

Insider Tipp

Altonaer Rathaus   **[121 E5]**
Das monumentale schneeweiße Bauwerk ist Ausdruck der alten Konkurrenz zwischen Hamburg und Altona. Bis zur Eingemeindung im Jahre 1937 war es Sitz der selbstständigen Stadtregierung,

heute ist es das beliebteste Standesamt Hamburgs. *Platz der Republik 1, Bus- und S-Bahnhof Altona*

Bäckerbreitergang [108 B3–4]

Von Nr. 49 bis Nr. 58 stehen hier noch einige Fachwerkhäuser. Sie bilden den letzten Rest des verwinkelten Hamburger Gängeviertels, das seit dem 17. Jh. hier entstanden war. *U 2, Gänsemarkt*

Bischofsturm/Domplatz [109 E4]

Vom mittelalterlichen Hamburg ist praktisch nichts mehr zu sehen – bis auf die Fundamente des Bischofsturms, ca. 1040 für den Bremer Erzbischof Bezelin als Wohnturm errichtet. Gegenüber auf dem Domplatz wurden 2005/06 bei Bauarbeiten Reste der Hammaburg entdeckt und mit großem Begleitgetöse in der Presse ausgegraben. Einiges davon ist im Schauraum des Bischofsturms ausgestellt, im geplanten Bürokomplex soll ein Archäologiemuseum eingerichtet werden. *Mo–Fr 10 –13 und 15–17 Uhr, Eintritt 1 Euro, Speersort 10, U 3, Mönckebergstraße*

Bismarck-Denkmal [108 A5]

Martialisch erhebt sich der zum »Roland« stilisierte Reichskanzler auf einem Geestrücken über die Stadt und kehrt ihr den Rücken zu. 1901/02 aus Schwarzwälder Granitstein errichtet. *Elbpark am Millerntor, U 3, St. Pauli*

Chilehaus & Sprinkenhof [109 E–F5]

★ Das expressionistische Backsteingemäuer mit seiner kühnen, schiffsbugartig zulaufenden Spitze liegt mitten im Kontorhausviertel. Das *Chilehaus*, 1922–24 mit 4,8

Mio. Backsteinen erbaut, gilt als Hauptwerk des Architekten Fritz Höger, auch der »Klinkerfürst von Hamburg« genannt. Der Name des Hauses hat übrigens mit den Geschäften des Bauherrn zu tun: Henry B. Sloman war durch den Import von Chile-Salpeter reich geworden.

Noch größer als das Chilehaus ist der ebenfalls von Höger erbaute benachbarte *Sprinkenhof* mit seinen riesigen Innenhöfen. Vor einigen Jahren wurde der dreiteilige Bau wunderbar renoviert und sollte edle Läden beherbergen. Doch die Mieten sind offenbar zu hoch – vieles steht leer. *Burchardplatz, U 1, Messberg*

Deichtorcenter [109 F5]

Der gläserne Bau am Einfallstor zur Speicherstadt wurde von dem Hamburger Architektenteam Bothe, Richter, Teherani entworfen. Wintergärten gepaart mit Hightechanlagen für die Fensteröffnungen sorgen selbst im Hochsommer für angenehme Temperaturen, ganz ohne Klimaanlage. Der Blick aus den Strandkörben im 4. Stock ist leider für die Mitarbeiter des Architekturbüros reserviert. *Ost-West-Straße 3, U 1, Messberg*

Dulsbergsiedlung [117 D–E 5–6]

Schönes Beispiel für den Hamburger sozialen Wohnungsbau der 1920er-Jahre, von Oberbaudirektor Fritz Schumacher geplant. Galt als vorbildliche Siedlung und wurde nach schweren Zerstörungen im Zweiten Weltkrieg weitgehend originalgetreu wieder aufgebaut. *U 1, Straßburger Straße*

Fernsehturm [108 A1]

Mit 279,8 m der höchste Turm der Stadt. Rundum entsteht die neue

Hamburger Messe. Der Turm selbst ist nicht zu besichtigen. Wenn Sie ein Investitionsobjekt suchen – die Telekom freut sich! *S 21 und 31, U 3, Sternschanze*

Fischauktionshalle [121 F6]

Seit 1703 wird hier Fisch verkauft. 1895 entstand die prachtvolle Halle als »Kathedrale des Fisches«. Schön restauriert dient sie heute Veranstaltungzwecken. Sonntags regelmäßig Jazzfrühschoppen. *Fischmarkt, Bus 383, Fischauktionshalle*

Grindelhochhäuser [122 B–C1]

Nach dem Zweiten Weltkrieg errichtete, älteste Wohnhochhaussiedlung Deutschlands. Die Anlage galt als Nonplusultra der Moderne und wirkt heute noch erstaunlich zeitgemäß. *Grindelberg, Metrobus 5, Bus 115, Bezirksamt Eimsbüttel*

Gruner+Jahr Pressehaus [108 B6]

Der Sitz von Hamburgs größtem Medienkonzern, erbaut von den Münchner Architekten Otto Steidle und Uwe Kiesler, galt lange Jahre als Vorbild für viele neue Bürobauten in der Stadt. Regelmäßige kostenfreie Ausstellungen in der Eingangshalle. *Am Baumwall 11, Tel. 370 30, U 3, Baumwall*

Hauptbahnhof [109 F4]

Angeblich hat Wilhelm II. bei der Gestaltung dieses Monuments seine Finger mit im Spiel gehabt. Das sieht man dem Bahnhof auch an:

MARCO POLO Highlights »Sehenswertes«

★ **Rathaus/Rathausmarkt**
Nordische Neorenaissance und Vorplatz in beeindruckenden Ausmaßen (Seite 23)

★ **Blankenese**
Malerische Treppenwege im feinen Vorort (Seite 32)

★ **Große Elbstraße**
Vom Straßenstrich zur Edelmeile (Seite 36)

★ **Jungfernstieg**
Einkaufszeile für alles, was gut und teuer ist (Seite 37)

★ **Michaeliskirche**
Wahrzeichen der Stadt. Der Ausblick lohnt die 449 Stufen (Seite 23)

★ **Chilehaus & Sprinkenhof**
Backsteinarchitektur in Vollendung (Seite 20)

★ **Hafen**
Kein Hamburg-Besuch ohne Landungsbrücken, Speicherstadt und Hafencity (Seite 24)

★ **Övelgönne**
Idyllische Lotsen- und Kapitänshäuser am Elbrand (Seite 33)

★ **Hagenbecks Tierpark**
Der erste Zoo ohne Gitter – auch heute noch ein Erlebnis (Seite 28)

★ **Ohlsdorfer Friedhof**
Friedliche Parkanlage mit jeder Menge VIPs (Seite 29)

wilhelminisch durch und durch. Die Wandelhalle an der Nordseite freilich ähnelt schon wieder einem postmodernen Einkaufszentrum. Verwirrend die Zahl der Ausgänge. Wenn Sie sich verabreden, seien Sie präzise, sonst wird das nichts. *S- und U-Bahn Hauptbahnhof*

Hühnerposten [123 E5]

Das eindrucksvolle Gebäude wurde 1907 von Kaiser Wilhelm II. als »Posthaus Hamburg am Central-bahnhof« eingeweiht. Jetzt residiert hier die Zentralbibliothek (geschätzte Umbaukosten 20 Mio. Euro) mit Hunderttausenden von Büchern, Zeitschriften, CDs, Videos, DVDs, Noten und Hörbüchern. Es gibt diverse Datenbanken und Internetstationen. Die Internetnutzung über Funk (Wireless-Lan-Technik) ist im ganzen Haus möglich. *Mo 14–19, Di–Fr 11–19, Sa 10–19 Uhr; Hühnerposten 1, Tel. 42 60 62 15, www. buecherhallen. de, S- und U-Bahn Hauptbahnhof*

Jacobikirche [109 E4]

Seit 1355 ständig umgestalteter Kirchenbau. Im Inneren eine berühmte Arp-Schnitger-Orgel aus dem 17. Jh. 🔅 Vom Turm aus schöner Blick über die Innenstadt. *Kirche Mo–Sa 10–17 (Okt.–März 11–17) Uhr; Turm nur zu unregelmäßigen Zeiten, Jakobikirchhof 22, www.jaco bus.de, U 3, Mönckebergstraße*

Inside Tipp

Jarrestadt [116 A5]

Geschlossenes Bauensemble aus der Zeit der Weimarer Republik. Hamburgs vielleicht wichtigster architektonischer Beitrag zur Moderne. Das Viertel liegt zwischen Jarrestraße, Wiesendamm und Barmbeker Straße. *U 3, Saarlandstraße*

Köhlbrandbrücke [126 C3]

In kühnem Schwung führt die Brücke (nur für KFZ) 4 km weit über die Süderelbe. Am schönsten zu sehen vom »Altonaer Balkon« (südlich vom Altonaer Rathaus). *BAB A 7, Anschlussstelle Waltershof*

Die Köhlbrandbrücke überspannt den nördlichen Teil der Süderelbe

Krameramtswohnungen [108 B5]
Fachwerkbauten, im 17. Jh. vom Amt der Krämer für die Witwen verstorbener Amtsbrüder errichtet: klein, putzig, ein letzter Rest von Alt-Hamburg. *Krayenkamp 10, S 1 und 3, U 3, Landungsbrücken*

KZ-Gedenkstätte Neuengamme [127 E4]
106 000 Häftlinge sperrten die Nazis hier ein, die Hälfte starb an Unterernährung, Seuchen oder Misshandlungen. Eindrucksvolle, neu gestaltete Gedenkstätte. Gutes Schuhwerk anziehen – hier ist viel zu erlaufen. *Mo–Fr 9.30–16, Sa/So 12–19 (Okt.–März nur bis 17) Uhr, Eintritt frei, Tel. 428 13 15 00, www.kz-gedenkstaette-neuengamme.de, Jean-Dolidier-Weg 39, Bus 227 und 327, KZ-Gedenkstätte*

Michaeliskirche [108 B5]
★ Gemeinhin »Michel« genannt. Obwohl die jüngste unter Hamburgs fünf Hauptkirchen (die heutige Form stammt aus dem 18 Jh.), ist ihr Turm, der 132 m hohe »Michel«, das Wahrzeichen der Stadt. Die mehrfach niedergebrannte Kirche wurde immer wieder aufgebaut. Besichtigen Sie auch die 2005 neu eröffnete Gruft mit dem Grab von Carl Philipp Emmanuel Bach. Das Zifferblatt der größten Turmuhr Deutschlands hat einen Durchmesser von 8 m, die Ziffern sind 1,35 m hoch. 🔽 Prächtiger Rundblick vom Turm. »Turmblasen«: *Mo–Sa 10, 21, So 12 Uhr. Mai–Okt. Mo bis Sa 9–18, So 11.30–17.30, Nov. bis April Mo–Sa 10–17, So 11.30 bis 16.30 Uhr, Turm-Eintritt 2,50 Euro, Tel. 37 67 81 00, www.st-michaelis.de, Krayenkamp 4 c, S 1 und 3, U 3, Landungsbrücken*

Nikolaikirche [109 D5]
Nach dem Vorbild des Ulmer Münsters und des Kölner Doms errichtet. Im Zweiten Weltkrieg zerstört und bis heute Ruinenmahnmal. Im Keller gibt es ein Dokumentationszentrum über Hamburg im Krieg, ein 🔽 gläserner Fahrstuhl führt bis in die Turmspitze. *Tgl. 10–17.30 Uhr, Eintritt 2 Euro, Fahrstuhlfahrt 2,50 Euro, www.mahnmal-st-nikolai.de, Ost-West-Straße/Hopfenmarkt, U 3, Rödingsmarkt*

Petrikirche [109 E4]
1220 errichtet, die älteste Kirche der Stadt. 1842 niedergebrannt und wieder aufgebaut. Der bronzene Türzieher in Form eines Löwenkopfes gilt als eines der ältesten Kunstwerke Hamburgs. *Mo–Fr 10 bis 18.30, Sa 10–17, So 9–21 Uhr, www.sankt-petri.de, Speersort 10, U 3, Rathaus*

Planetarium [115 E4]
Monumentaler Backsteinbau von 1912 im Stadtpark, ursprünglich als Wasserturm errichtet. Mit einigen Millionen frisch renoviert, gehört es heute zu den modernsten in Europa (»Kosmologie-Simulator«, Digistar 3 u. a.). Umfangreiches Programm: vom simplen Sternenhimmel-über-Hamburg-Begucken bis zur »Deep Space Night Show«. *Informationen: Tel. 428 86 52 11, www.planetarium-hamburg.de, Hindenburgstr. 1b, U 3, Borgweg*

Rathaus/Rathausmarkt [109 D4]
★ Blicken Sie nach oben: Dort steht geschrieben: *Libertatem quam peperere – maiores digne studeat servare posteritas*, was übersetzt so viel bedeutet, dass die Nachkommen die Freiheit erhalten mögen,

Entspannen & Genießen

Schwitzen unter Schaum in einem echten Hamam – vor allem wenn's mal wieder regnet

Müde oder genervt vom Schmuddelwetter? Dann besuchen Sie doch *Das Hamam*, ein kleines, original türkisches Dampfbad mit Ganzkörperpeeling, Kernseifenschaumbad und Ölaufguss – am besten vom Chef Coskun Costur persönlich. Hinterher können Sie in riesigen Kissenbergen versinken, ein Wasserpfeifchen rauchen und türkischen Tee trinken. Nicht von der unwirtlichen Umgebung abschrecken lassen, drinnen ist es wirklich nett! *Mo bis Fr 10–22, Sa/So ab 11 Uhr, Anmeldung erforderlich, ab 25 Euro, Feldstr. 39, Tel. 41 35 91 12, www.das-hamam.de, U 3, Feldstraße*

die ihre Väter erwarben. Hoch geht es alljährlich am 24. Februar her, wenn das Matthiae-Mahl zelebriert wird – das älteste noch begangene Festmahl der Welt (seit 1356). Geladen sind ausschließlich »Hamburg freundlich gesonnene« Gäste, was der Hansestadt schon viel Nutzen eingebracht hat. Nach dem großen Brand von 1842, bei dem das alte Rathaus dran glauben musste, wurde ein Wettbewerb ausgeschrieben, der sich ewig hinzog, bis das neue Rathaus endlich am 26. Oktober 1897 eingeweiht werden konnte.

Das Gebäude ist auf etwa 4000 Rammpfählen errichtet, denn der Alstermarschboden konnte den 70 m breiten und 111 m langen Bau zunächst nicht tragen. Schon von außen wirkt der Bau prachtvoll, innen geht es dann tatsächlich mehr als großbürgerlich und gar nicht mehr hanseatisch bescheiden zu. Eine Besichtigung lohnt unbedingt. An der linken Ecke des Gebäudes befindet sich der Eingang zum Ratsweinkeller mit gutbürgerlicher Küche. Die schönsten Säle

heißen »Remter« und »Die Rose« *(So abends geschl., Tel. 364 15 39, €€). Rathausbesichtigungen Mo bis Do 10–15, Fr, Sa, So 10–13 Uhr, halbstündliche Führungen (nicht während Senatssitzungen und Staatsbesuchen), Eintritt 2 Euro, Tel. 428 31 24 70*

Was den Berlinern und Münchnern ihre Plätze sind, das sind den Hamburgern eher die Alster- und Elbufer. Wenn es überhaupt einen Platz in der Stadt gibt, der als urbaner Treffpunkt herhalten kann, dann ist es der *Rathausmarkt*. In seiner jetzigen Form entstand der »Rote Platz« unter dem Bürgermeister Ulrich Klose. Seitdem sind die Autos weg, richtiges Leben aber kehrt nur ein, wenn mal wieder eines der unzähligen Budenfeste stattfindet. *Rathausmarkt, U 3, Rathaus*

HAFEN

★ Ohne seinen Hafen wäre Hamburg nur eine Stadt unter vielen. So aber nennt es sich stolz Deutschlands »Tor zur Welt«. An die 11 000

Schiffe löschen hier pro Jahr ihre Ladung oder nehmen Waren auf, die in 325 verschiedene Häfen der ganzen Welt verschifft werden. Das gesamte Hafengebiet umfasst heute 74,4 km^2 einschließlich der Wasserflächen. 126 Mio. t wurden hier 2005 umgeschlagen, über die Hälfte davon in Containern. Trotz aller Rationalisierungen zählt der Hafen immer noch zu Hamburgs größten Arbeitgebern: Weit über 100 000 Menschen leben direkt oder indirekt vom Geschäft mit den Schiffen. Seit der Öffnung des Ostens gibt es einen neuen Aufschwung.

Der Hamburger Hafen ist ein so genannter »offener Tidehafen«. Die Zufahrt von der Nordsee über die Unterelbe wird nicht durch Schleusen reguliert, und so macht sich der Unterschied von Ebbe und Flut, eben die Tide, bis nach Hamburg hinein bemerkbar. Der Tidenhub beträgt im Hafen im Schnitt immerhin noch 3,61 m.

Hafenbalkon, Landungsbrücken und Fischereihafen

Empfehlenswert für einen ersten Überblick ist der 🔽 Hafenbalkon **[108 A5]**. *Insider Tipp*. Von der U- und S-Bahnstation Landungsbrücken führen ein paar Stufen hoch zum Stintfang und zur Jugendherberge. Von dort aus geht der Blick geradeaus über die 400 m breite Norderelbe und das ganze Panorama der Kräne und Werftanlagen. Gleich gegenüber liegen Trockendock 10 und 11 von Blohm+Voss. Im Rücken droht der grimmige Bismarck gen England, rechter Hand liegen auf einem steilen Geesthang das Deutsche Hydrographische Institut, das Bernhard-Nocht-Institut für Tropenkrankheiten und das Hotel »Hafen Hamburg«, einst ein beliebtes Seemannsheim.

Die *St.-Pauli-Landungsbrücken* **[122 A–B 5–6]** selbst, 1907–09 erbaut, sind eine schwimmende Angelegenheit von 688 m Länge, die

Der Hafen – nach wie vor Hamburgs wirtschaftliches Herz

sich mit Ebbe und Flut ächzend hebt und senkt. An der Überseebrücke machen gelegentlich Kreuzfahrtschiffe oder Kriegsschiffe aus aller Herren Länder fest, die dann meist auch besichtigt werden dürfen. Gleich daneben liegen seit Jahr und Tag fest vertäut die »Rickmer Rickmers«, eine prächtige Dreimastbark, und die »Cap San Diego«, ein Frachter aus der Zeit, als die Frachter noch wie Frachter aussahen.

Elbabwärts schließt sich hinter dem Fischmarkt der *Fischereihafen* **[121 E5–6]** an. Obwohl inzwischen mehr Fisch durch Lastwagen und Flugzeuge als durch Schiffe befördert wird, ist dies immer noch Deutschlands bedeutendster Umschlagplatz für Seefische. Die meisten Firmen beliefern Großhandelsketten und Restaurants, aber einige verkaufen hier auch an Endverbraucher. Am Elbufer sehen Sie schon von ferne Hamburgs auffälligsten Büroneubau *Dockland,* von Hadi Teherani 45 m hoch und schräg über das Wasser gebaut. Sie können auch direkt mit der HVV-Fähre (Linie 62) von den Landungsbrücken dorthin fahren. Dockland hat eine eigene Anlegestelle. Geplant ist, dass Sie den Angestellten im Haus auf den Kopf bzw. aufs 🔽 Dach steigen dürfen. Wenn diese sich nicht beschweren ... Wenn mal wieder die »Queen Mary« kommt, dann ist nicht nur hier, sondern am ganzen Elbufer der Teufel los.

Insi Tipp

Erlebniswelt Speicherstadt

Miniatur-Wunderland, Dialog im Dunkeln und Hamburg Dungeon

Superlative ohne Ende: 860 000 Besucher in 2005, 150 000 Figuren, 9000 m Gleise und 5 Mio. investierte Euro: Das Miniatur-Wunderland in der Speicherstadt, geschaffen mit viel Herzblut von ein paar Eisenbahnfreaks, ist sensationell. Leider oft sehr voll, für die Wartenden gibt's Kakao und Bonbons gratis *(tgl. 9.30 bis 18, Di bis 21, Sa/So 8.30–20 Uhr, Eintritt 9, Kinder 4 Euro, unter 1 m Eintritt frei, Kehrwieder 2–4, Block D* **[108 C6]***, Tel. 30 06 80, www.miniatur-wunderland.de)*. Im Speicher nebenan gibt's die »ironische Gruselshow«, so die Werbung, im *Hamburg Dungeon.* Schlaglichter der Hamburger Geschichte mit Laiendarstellern, mal schön gruselig, mal schön blöd *(tgl. 11–18 Uhr, 14,50 Euro, Tel. 36 00 55 00, www.thedungeons.de, Auf dem Sande, Metrobus 3, 6)*. Ein sinnliches Erlebnis der anderen Art ermöglicht dagegen der *Dialog im Dunkeln.* Die Ausstellung zur »Entdeckung des Unsichtbaren« macht es Sehenden möglich, die Welt der Blinden zu erfahren, zu ertasten, zu erriechen. Auch einen Kaffee gibt's in der *Dunkelbar. Di–Fr 9–17, Sa/So 11–19 Uhr (nur mit Voranmeldung), Führungen 60 Min., Eintritt 12 Euro, Alter Wandrahm 4, Tel. 0700/ 44 33 20 00, www.dialog-im-dunkeln.de, U 1, Messberg* **[109 E6]**

Sie können die gesamte Strecke, von den Landungsbrücken bis nach Övelgönne, zu Fuß ablaufen. Bleiben Sie bei ihrem Spaziergang (ca. 2 Std.) möglichst immer oben; ein guter Startpunkt ist der Weg direkt vor der **Terrasse des Hotels Hafen Hamburg** (idealer Aussichtspunkt beim Hafengeburtstag). Auch entlang der Großen Elbstraße können Sie oberhalb laufen (Olbersweg, Altonaer Balkon), den Elbüberblick bewahren und nach Schiffen Ausschau halten. Die Wanderung – immer am Wasser entlang – endet am Anleger Neumühlen in Övelgönne im *Museumshafen* **[120 C6]**, in dem eine Sammlung wunderbarer alter Pötte zu besichtigen ist *(Eintritt frei, www.museumshafen-oevelgoenne.de)*. Alle Schiffe, vom Feuerschiff »Elbe 3« bis zur Dampfbarkasse »Otto Laufer«, wurden und werden in bewundernswerter ehrenamtlicher Arbeit restauriert. Wenn Sie jemanden an Bord sehen, stellen Sie ruhig Fragen: Man freut sich über Besuch. *S 1 und 3, U 3, Landungsbrücken*

Speicherstadt [122–123 C–D6]
Ideal für den ersten Eindruck ist die Entdeckungsfahrt vom Schiff aus. Starten Sie am Jungfernstieg mit einem Alsterdampfer oder am Hafen mit einer der kleinen Barkassen (nur diese kommen in die schmalen Fleete hinein). Danach jedoch ist ein Fußmarsch Pflicht. Die Speicherstadt mit ihren neugotischen Backsteinbauten gehört zum Schönsten, was Hamburg zu bieten hat. Früher zählte sie zum Gebiet des Freihafens; durch den Bau der Hafencity hat sich die Zollgrenze weiter in den Hafen verlagert. Wenn es nach der EU in Brüssel ginge, gehörte die Hamburger Freihandelszone eh schon lange abgeschafft. Ob zollfrei oder nicht: Immer noch stapeln sich in der Speicherstadt Kaffee, Tee, Gewürze, Alkoholika, Hi-Fi-Anlagen und vor allem wertvolle Orientteppiche. Was davon bleiben wird, ist – ungeachtet aller politischen Beteuerungen – ungewiss.

Die *Hafencity* wird die Speicherstadt nicht nur im Äußeren, sondern auch im Innern verändern. Im ältesten Gebäude der Speicherstadt, dem Kaispeicher B, zieht schon bald das *Internationale Marinemuseum* mit der Sammlung von Ex-Springer-Chef Peter Tamm ein. Der Kaispeicher A, ganz vorne gegenüber der Kehrwiederspitze, bekommt ein futuristisches Glasdach und wird zur *Elb-Philharmonie* umgebaut. Wie Alt und Neu aufeinandertreffen, lässt sich am besten mittendrin verfolgen, z. B. zwischen dem Holländischen Brook und dem Alten Wandrahm. Schick restaurierte Speicher beherbergen Werbeagenturen, direkt daneben werden aus den Luken Teppichballen abgeladen. Spazieren Sie an den Speichern entlang bis zu den neuen *Kibbelstegbrücken*. Auf ihnen geht es direkt in das Gebiet der Hafencity. Tolle Ausblicke auf Hafen und Hafencity bietet der neue *View Point,* ein Aussichtsturm am Ende vom Großen Grasbrook. Oder sie besuchen das *Infocenter* im Kesselhaus (*Di–So 10–18 Uhr; Sandtorkai 30, Tel. 36 90 17 99, www.hafencity.com)*, eine wirklich sehenswerte Einrichtung, mitten im Herzen des Geschehens (mit Café). Jeden Sa um 15 Uhr wird ein kostenloser Hafencity-Landgang angeboten. *U 3, Baumwall, Metrobus 3, 6, Kibbelsteg*

Hafenrundfahrt

Eine Hafenrundfahrt können Sie mit den Hafenfähren der HADAG, mit einer privaten Barkasse oder einem der neuen großen Privatschiffe unternehmen. Die Hafenfähren verkehren im Liniendienst und können mit einer HVV-Karte benutzt werden. Da die Abfahrtszeiten je nach Jahreszeit und Nachfrage variieren, sollte man sich vorher telefonisch über Zeiten und Preise informieren: *HADAG, tgl. 9–17 Uhr, Tel. 311 70 70, www.hadag.de; HVV, Tel. (24 Std.) 194 49, www.hvv.de*

Begegnung bei Hagenbeck

Tourist Information   [108 A6]

Zwischen Brücke 4 und Brücke 5 der Landungsbrücken, tgl. 10–18, Di–Sa bis 19 Uhr, Tel. 30 05 13 00, S 1 und 3, U 3 Landungsbrücken

---

PARKS, FRIEDHÖFE & TIERGÄRTEN

Alsterpark   [123 D1–3]

Die Flaniermeile an Hamburgs Alster schlechthin. Einst war das alles Privatbesitz: Die reichen Villenbesitzer vom Harvestehuder Weg ließen hier ihre Kühe grasen. Heute ist alles öffentlich zugänglich, an schönen Sommertagen wird davon reichlich Gebrauch gemacht. Vom Jungfernstieg können Sie in zwei Stunden immer die Alster hoch bis zur U-Bahn-Station *Lattenkamp* **[115 D3]** wandern und dabei schöne Einblicke in das feine Sozialleben nehmen. Für die Pause zwischendurch gibt es eine Reihe von Cafés, z. B. das *Cliff* (Höhe Alsterchaussee) oder auf der anderen Seite, gegenüber in Uhlenhorst, die

Insider Tipp 🏃 🎆 *Alsterperle,* ein ehemaliges Klohäuschen *(Schwanenwik, am Alsterufer, tgl.).* Dort trifft man sich

zum Sundowner, bei Frikadellen und Prosecco mit Blick über die ganze Alster. *U 1, Hallerstraße, Klosterstern*

Dahliengarten   [112 B6]

Heidi Kabel, Steffi Graf oder Loki Schmidt – die können Sie alle bewundern. Und zwar in Europas ältestem Dahliengarten (feierte 2005 85. Geburtstag!). Von Juli bis Oktober wachsen dort über 12 000 Dahliensorten. Einige tragen prominente Namen (s. o.), andere sind riesig: z. B. Kalinka, die es auf 3,30 m bringt. *Juli–Okt. tgl. 7–20 Uhr, Eintritt frei, www.dahliengarten-hamburg.de, Stadionstr. 10 (im Volkspark), Metrobus 2, 3, Stadionstraße*

Hagenbecks Tierpark   [113 E4]

⭐ »Geh'n wir mal nach Hagenbeck« heißt es seit 1848, damals stellte Gottfried Clas Hagenbeck auf dem Spielbudenplatz an der Reeperbahn sechs Robben aus. Seit 1907 residiert der Zoo in Stellingen. Erstmalig auf der Welt lebten die Tiere hier in Freigehegen. Auf dem 27 ha großen Gelände finden sich Teiche, nachgebildete Gebirge, Saurier in Originalgröße, eine japanische Insel

und vor allem das lichtdurchflutete Orang-Utan-Haus, das bei gutem Wetter zum Freigehege wird. Ein tolles Erlebnis für Groß und Klein! 2500 Tiere aus aller Welt sind heute bei Hagenbeck zu Hause. Der NDR filmte hier seine Spots für die Pausen zwischen der Werbung – Walross Antje steht allerdings mittlerweile ausgestopft im Zoologischen Museum. Auf keinen Fall die Elefanten versäumen: Sie nehmen gern auch Geldscheine entgegen, die sie den Wärtern artig in die Tasche stopfen. *Tgl. ab 9 Uhr, Schließzeiten wetterabhängig, Eintritt 14,50 Euro, Kinder (4–16 J.) 8,50 Euro, Familienermäßigung, Tel. 540 00 10, www.hagenbeck.de, U 2, Hagenbecks Tierpark*

Hirschpark [118 C4]

Einer der schönsten Hamburger Parks, zwischen Elbufer und Elbchaussee. Dort befinden sich neben einem Damwildgehege Hamburgs zweitgefährlichste Rodelstrecke und eine Teestube *(Witthüs)*, in der zu Lebzeiten der exzentrische Dichter Hans Henny Jahnn wohnte. Ideales Ausflugsziel für den Sonntagnachmittag. *S 1, Blankenese*

Jenischpark [119 F4–5]

So wohnte man früher, sofern man Senator war und das nötige Kleingeld besaß. Das herrschaftliche Jenischhaus darf (gegen Entgelt) besichtigt werden, ebenso das Barlachhaus. *S 1, Klein Flottbek*

Neuer Botanischer Garten [119 E–F3]

Noch nicht ganz ausgewachsen, aber vieles ist schon üppig; viele Gewächshäuser, schöner japanischer Garten. *Tgl. 9 Uhr bis Sonnenuntergang, S 1, Klein Flottbek*

Ohlsdorfer Friedhof [110–111 C–F 4–5]

★ Der größte Parkfriedhof Europas. Wegen der verwirrenden Anlage empfiehlt es sich, bei der Friedhofsverwaltung (Villa am Haupteingang) eine Karte zu besorgen. 17 km Fahrwege und zwei Buslinien erschließen das Gelände. Zweifellos

Wisent, Wolf und Waschbär

Ein Ausflug in den Wildpark Schwarze Berge

Fuchs und Hase, Elch und Wildschwein sagen sich in den Harburger Bergen nicht nur Gute Nacht, sondern erfreuen auch große wie kleine Besucher. 50 ha groß ist das Waldgelände in unmittelbarer Nachbarschaft zum Freilichtmuseum am Kiekeberg. Nehmen Sie sich Zeit: Frei fliegende Fledermäuse, Wölfe und Luchse wollen in Ruhe bewundert werden, und bis Ihre Kleinen alle Hängebauchschweine gefüttert haben, dauert es. Den krönenden Abschluss bildet der ideenreiche Spielplatz. *Tgl. 8–18, im Winter 9–17 Uhr, Eintritt 7 Euro, Kinder 5 Euro, Tel. 796 42 33, Am Wildpark 1, Rosengarten, www.wildpark-schwarze-berge.de, S 3 und 31, Neuwiedenthal, dann Bus 340, Wildpark*

Hamburgs schönster Park, besonders zur Rhododendronblüte im Mai. Sehenswert das Krematorium und Kapelle XIII von Fritz Schumacher. *April–Okt. tgl. 9–21, Nov. bis März 8–18 Uhr, www.friedhof-hamburg.de, S 1 und U 1, Ohlsdorf*

Planten un Blomen [108 B–C 1–2]
Zusammen mit dem Alten Botanischen Garten und dem Wallringpark eine innerstädtische Oase. Im Winter gibt es eine Eislaufbahn, im Sommer Rollschuh- und Skaterlaufen sowie Wasserspiele und abends Wasserlichtkonzerte *(Mai–Aug. tgl. 22, Sept. 21 Uhr)*. Großer japanischer Garten mit Teehaus. Im Sommer Theater- und Musikaufführungen für Kinder, Riesenspielplatz mit Ponyreiten und Planschbecken *(Eingang Petersburger Straße). Tgl. 7–20 Uhr, im Sommer bis 23 Uhr, www.plantenunblomen.hamburg.de, S 21 und 31, Dammtor*

Stadtpark [115 E–F 3–4]
🏃 Mit 151 ha fast so groß wie das Fürstentum Monaco. Der Stadtpark enthält: eine Festwiese, eine Freilichtbühne, einen Hundespielplatz, Liegewiesen, Grillplätze, Planschbecken, eine Altentagesstätte, einen Blindengarten, ein Beachvolleyballareal, Fußballplätze, ein Freibad, einen Treffpunkt für Modellschiffbauer, einen Rosengarten, eine Bücherhalle, Europas modernstes Planetarium und am wichtigsten: Hamburgs einzigen richtigen Biergarten *(Landhaus Walter, Hindenburgstr. 2, Tel. 27 50 54)*. Daran sieht man: Hier bleiben keine Wünsche offen. *U 3, Saarlandstraße, Borgweg, S 1, Alte Wöhr*

PASSAGEN

Europa-Passage [109 D–E4]
Wie der Name vermuten lässt: Europas größte innerstädtische Shoppingmall. Die Superlative kennen keine Grenzen – wichtiger ist jedoch, dass man nun bei Schmuddelwetter fast trockenen Fußes vom Dammtorbahnhof bis zum Hauptbahnhof gelangen kann. Die Europapassage hat die Lücke zwischen

Passage im coolen Edellook: Galleria

Richtig fit!

Ob immer geradeaus oder nach oben – hier kann man sich für den Großstadtdschungel in Form halten

Ganz unkompliziert ist der Joggingrundweg um die Außen-alster, genau 7,4 km lang. Fahren Sie zum Hauptbahnhof, und starten Sie am Hotel Atlantic. Am Ostufer geht's hoch bis zur Krugkoppelbrücke, dann am Westufer durch den Alsterpark zurück. Auch im Stadtpark gibt es schöne, ruhige Wege. Wollen Sie lieber hoch hinaus? Dann ab in die Kletterwand. Selbst Un-geübte können es mit Anleitung bis ganz nach oben schaffen. Eine schöne Indoorkletterwand hat z. B. die *Kaifu-Lodge. Bundesstr. 107, Schnuppern (ca. 30 Min.), inkl. Leihausrüstung 8,50 Euro, nur mit tel. Anmeldung, Tel. 40 12 81, www.kaifu-lodge.de*

City-West und City-Ost geschlossen. *Ballindamm, S- und U-Bahn Jungfernstieg*

Galleria   **[108 C4]**
Galt einmal als die Luxuspassage schlechthin – wegen des schwarz-weißen Marmorbodens vor allem. Heute trifft man sich hier vor, während und nach der Arbeit zum Imbiss oder feinen Dinner in einem der schnieken Stehcafés oder Restau-rants. *S- und U-Bahn Jungfernstieg*

Hamburger Hof   **[109 D3]**
Sticht vom Jungfernstieg nach hin-ten durch. Zu Weihnachten lässt die Dekoration alle die staunen, die so etwas noch nicht gesehen haben. *S- und U-Bahn Jungfernstieg*

Hanse-Viertel   **[108 C4]**
Monsterpassage mit allem, was das Herz begehrt, inklusive Hummer-stand. Wirkt durch den Mövenpick-imbiss im Untergeschoss mahl-stromartig wie ein Trichter, der ah-nungslose Passanten in sich hinein-saugt. *S- und U-Bahn Jungfernstieg*

Levantehaus   **[109 F4]**
Passage über zwei Stockwerke mit vielen kleinen Spezialgeschäften. Wer nicht kaufen will, trinkt einen Cappuccino aus echtem Hamburger Kaffee in Hamburgs lebendigstem Kaffeehaus *Die Rösterei* (der Service ist manchmal Glücksache ...). *S- und U-Bahn Hauptbahnhof*

Insider Tipp

Rathauspassage   **[109 D4]**
Ein Projekt, mit dem Langzeitarbeits-losen geholfen wurde: Sie betreiben das preiswerte Restaurant nebst Antiquariat im Tiefgeschoss unter dem Rathausmarkt. *Eingang zu den S- und U-Bahnen am Rathausmarkt*

STADTVIERTEL

Altona   **[121 E–F 4–5]**
Bis 1937 eine eigene Stadt. Seit-dem, zum Leidwesen Alteingeses-sener, nach Hamburg eingemein-det. Schlimmste Zerstörungen nicht durch den Zweiten Weltkrieg, sondern durch planungswütige Stadtväter. Dadurch sehr gemischt. *Bus- und S-Bahnhof Altona*

Blankenese bietet dörfliche Beschaulichkeit mit Großstadtanbindung

Bergedorf [127 D–E4]

Eine eigene Stadt weit draußen vor den Toren mit einem richtigen Wasserschloss. Streng geschieden in Bergedorf-Süd, Bergedorf-Ost, Bergedorf-West, Bergedorf-City. Vor der Tür liegen die Vier- und Marschlande, das Hamburger »Gemüsebeet«. *S 2 und 21, Bergedorf*

Blankenese [118 A–C 2–3]

★ Malerisch schmiegen sich die kleinen Häuschen der alten Fischer- und Kapitänssiedlung an den Elbhang. Über steile Treppen geht's hinunter an die Elbe, wo am Strandweg Cafés und Restaurants auf die im Sommer zahlreiche Kundschaft warten. Für Fußmüde gibt's Busse. *S 1, Blankenese*

Eimsbüttel [121 E–F 1–2]

Wohngemeinschaften, Alternative, Makler, Fotografen und Rentner sind hier bestens aufgehoben. Hoher Müsli- und Teeverbrauch. *U 2, Christuskirche, Osterstraße*

Eppendorf [114–115 B–D 3–5]

Von Bewohnern anderer Stadtteile als »Deppendorf« geschmäht. Viele Straßen mit alten Häusern. Vorzugsweise bewohnt von Lehrern und Journalisten. Geballte Kaufkraft lässt Läden aller Art erblühen und verwelken. Der wahre Eppendorfer kann es sich kaum vorstellen, einen Fuß aus seinem Viertel zu setzen. *U 1, Klosterstern, Kellinghusenstraße; U 3, Eppendorfer Baum*

Grindelviertel [122 C2–3]

Auch Univiertel, kein eigener Stadtbezirk, aber durch den Campus hinreichend abgegrenzt. Für alle, die dem akademischen Nachwuchs zusehen möchten, ein schönes Eckchen, wie es sich gehört, mit hoher Kneipendichte: Von afghanisch bis amerikanisch ist alles vertreten. Einst lag hier das Zentrum des jüdischen Lebens Hamburgs. Daran erinnert noch eine entweihte Tempelsynagoge in der Oberstraße; auf dem Joseph-Carlebach-Platz am Grindelhof zei-

gen Pflasterintarsien die Umrisse des größten jüdischen Tempels, der in der so genannten Reichspogromnacht zerstört wurde. Im ganzen Viertel erinnern Gedenktafeln an die von hier aus verschleppten jüdischen Hamburger. *Metrobus 4 und 5, Grindelhof; U 1, Hallerstraße*

Harvestehude und Rotherbaum [122–123 C–D 1–3]
Vornehm geht die Welt zu Grunde. Es gibt kaum Gaststätten in Harvestehude, dem Stadtteil westlich der Außenalster, dafür aber hochherrschaftliche Häuser, das Stammhaus des Norddeutschen Rundfunks (NDR), das von (Sir) Norman Foster erbaute Medienzentrum, beides an der Rothenbaumchaussee, und dazwischen den feinen Club an der Alster, Sitz des Deutschen Tennisbundes. *U 1, Hallerstraße, Klosterstern*

Neustadt [108 B–C 3–6]
Nicht so neu, wie sie heißt oder aussieht: Von dem, was hier seit dem Mittelalter errichtet wurde, steht kaum noch was. Viele schicke Neubauten, viele leer stehende Büros. Gebaut wird mehr oder weniger einheitlich, d. h. den alten Fleeten folgend. Dazu viel Glas, davor eine Klinkerfassade und obendrauf eine Art Metallsegel, was den maritimen Charakter betonen soll. *S 1 und 3, Stadthausbrücke*

Övelgönne [120 B–C5]
⭐ Kleine Fischer- und Kapitänshäuser in beneidenswerter Elblage, mit dem weniger beneidenswerten Nachteil, dass sich 1,5 Mio. Hamburger sonntags die legitime Freiheit nehmen, die Vorgärten abzuschreiten. Der Name Övelgönne ist

angeblich auf den Spruch »übel gegönntes Brot schmeckt am besten« zurückzuführen. Im Sommer kann man hier wunderbar auf Terrassen (oder am Strand) ein Bierchen zischen oder einen Kaffee genießen, Scholle essen oder immer an der Elbe entlang bis nach Teufelsbrück laufen. Von dort fahren Busse zurück nach Altona. *Bus 112 ab Altona*

Ottensen [121 D–E 4–5]
Als »Mottenburg« verschrienes, schlampig-gemütliches Viertel im Bezirk Altona. Multikulti war hier noch nie ein Fremdwort. Der Punk hängt tagsüber draußen hinterm Bahnhof ab, der Werbetreibende in den Bars abends rund um den Alma-Wartenberg-Platz. Für beide sind es am nächsten Morgen nur ein paar Schritte bis zur Elbe. Viele kleine Läden und Kneipen, Gewerbe und schicke Büros in den Hinterhöfen. *Bus- und S-Bahnhof Altona*

Pöseldorf [123 D1–2]
Die kurze Blütezeit, als »Schnöseldorf« schick war, liegt ein paar Jahre zurück. Einen Lichtblick aus der jüngsten Zeit gibt es allerdings: Die bunten Kunstkühe auf der Cow-Bridge in der Milchstraße (aufgestellt und finanziert von der Verlagsgruppe Milchstraße). An die 50 dieser Pop-Art-Vierfüßler verteilen sich zur Freude aller Anwohner und deren Kinder auf die Stadtteile Pöseldorf, Harvestehude und Rotherbaum. *U 1, Hallerstraße*

Schanzen- und Karolinenviertel [122 A–B 3–4]
🏃 Hier wohnt die Vorhut im Kampf gegen steigende Mieten. Kein gutes Pflaster für Makler und Hausbesitzer, denen gelegentlich schon mal

Schläge angedroht werden. Aber gutes Pflaster für jeden, der gerne (und preiswert) Pizza, Paella und Sushi essen, einen *galão* trinken will. Das Zentrum ist die so genannte *Schanzenpiazza* gegenüber dem alternativen Stadtteilzentrum *Rote Flora*. Kneipe reiht sich an Kneipe; bei gutem Wetter gibt's kaum einen freien Platz auf den Bänken. Die Marktstraße ist genau das Richtige für jeden, der in schrägen Szeneläden nach spitzen Schuhen und ultimativen Klamotten stöbern möchte. *U 2, Messehallen; U 3, Feldstraße; S 21 und 31, U 3, Sternschanze*

St. Georg   [123 E 3–4]
Idyll und Elend auf engem Raum beim Hauptbahnhof. Hier lebt eine selbstbewusste Einwohnerschaft, die sich zu wehren wusste, als das Viertel in den 1970er-Jahren planiert werden und einem utopischen »Manhattan an der Alster« weichen sollte. Heute schreitet die Luxussanierung voran. Gegen Rauschgift und Prostitution auf Hamburgs »zweitem Kiez« kämpft die Polizei mit mal mehr, mal weniger Erfolg an. *S- und U-Bahn Hauptbahnhof*

St. Pauli   [122 A–B 4–5]
Weltbekannt. Auf dem Kiez lässt sich, was kaum bekannt ist, auch wohnen, und das hier und da sogar ungewöhnlich preiswert. Wenn man auf St. Pauli einen Seemann treffen sollte, dann ist er garantiert arbeitslos, denn die Liegezeiten der Schiffe im Hafen sind mittlerweile so kurz, dass die Matrosen gar nicht mehr an Land kommen. Neben dem traditionellen Rotlichtmilieu hat sich rund um die Reeperbahn seit einigen Jahren eine lebendige Off-Kultur- und Unterhaltungsszene

mit Kneipen, Musikclubs und Theatern entwickelt. *S 1 und 3, Reeperbahn; U 3, St. Pauli*

Uhlenhorst   [123 E–F 1–2]
Man wohnt *auf* der Uhlenhorst, und ärgert ärgert sich dort seit Menschengedenken, dass Harvestehude auf der anderen Alsterseite noch einen Tick besser abschneidet. *U 2, Mundsburg*

Veddel/Wilhelmsburg [126 C3–4]
Noch machen beide Stadtteile auf Hamburgs größter Elbinsel vor allem wegen ihrer sozialen Probleme von sich reden. Dabei gibt es bei Wilhelmsburg wunderbare Naturschutzgebiete zu bewundern und auf der Veddel noch viel alte, spannende Hafenindustrie (so das Hafenmuseum im Aufbau am Hansahöft). Fahren Sie einfach mal die Peute entlang. Dann wissen Sie, wie das hier früher so war. 2007 soll auf der Veddel mit der *Ballinstadt* Hamburgs großes Auswanderermuseum eröffnet werden.

Wandsbek   [125 D–E 1–2]
Ehemals preußisches Städtchen und Sitz von Tabak-, Schokolade- und Hefefabriken. Im Krieg stark zerstört. Von der Außenalster bis nach Wandsbek lässt es sich wunderbar radeln: immer parallel zum Eilbekkanal bzw. zur Wandse. *S 4, Wandsbek; U 1, Wandsbek Markt*

Winterhude   [115 E–F 4–6]
Von Kanälen, Fabriken, Villen und Mietskasernen geprägt. Entstanden durch Grundstücksspekulationen Ende des 19. Jhs.: Der größte Grundbesitzer Adolf Sierich unterhielt damals den Stadtpark als Jagdrevier. *U 3, Borgweg, Sierichstraße*

Hochherrschaftlich: klassizistische Villa an der Elbchaussee

STRASSEN

Admiralitätsstraße [108 C5]

Für Kunstbeflissene. Hier gibt's einige Galerien und – unbedingt empfehlenswert – die Kunstbuchhandlung *Sautter & Lackmann*. *U 3, Rödingsmarkt*

Augustenpassage, Beckstraße [122 A3–4]

Proletarisches Milieu aus dem 19. Jh. Hier schrieb der Kommunist Willi Bredel seine Romane. *U 3, Feldstraße*

Deichstraße [108 C6]

Letzte Überreste des alten Speicherviertels. In der Deichstraße 42 brach der große Brand von 1842 aus. Heute beherbergen die restaurierten Giebelhäuser am Nikolaifleet mehrere Lokale. *Am Nikolaifleet, U 3, Rödingsmarkt*

Elbchaussee [118 C3–121 D5]

In erster Linie die Hauptverkehrsverbindung zwischen der City und den westlichen Vororten, in zweiter Linie Hamburgs vornehmste Adresse. Die Schokoladenseite ist die zur Elbe hin mit den ungeraden Nummern; die anderen müssen sich mit ihren vielen Bäumen trösten. Sehenswert Nr. 96, ein schriller Pop-Bau. Am Ortseingang von Nienstedten steht der Neubau des UN-Seegerichtshofs. *Bus 286, Schnellbus 36*

Eppendorfer Landstraße, Eppendorfer Baum [114 C5–6]

Schon nicht mehr in der City gelegen, aber durchaus ein Erlebnis. Man kennt sich und nickt sich beim Einkaufen am Samstagvormittag dezent zu. Viele, zum Teil alteingesessene Spezialgeschäfte, dazu jede Menge Boutiquen. *U 1, Klosterstern; U 3, Eppendorfer Baum*

Falkenried [114 B5–6]

Die kleinen, dreigeschossigen Häuserzeilen, die den Falkenried im Stadtteil Hoheluft mit der Löwenstraße verbinden, entstanden Ende des 19. Jhs. für die Arbeiter der hier ansässigen Fahrzeugwerke. Diese Art von Hinterhöfen nennt man in Hamburg Terrassenwohnungen. Gegenüber entstand mit der Falkenried-Piazza ein riesiges Wohn- und Arbeitsviertel auf dem Gelände einer alten Fabrik. *U 3, Hoheluftbrücke*

Große Elbstraße [121 D–F 5–6]

★ Es ist schon einige Zeit her, dass hier leicht bekleidete Damen auf Freier warteten – auch die Wohnschiffe für Asylbewerber gibt es kaum noch. Stattdessen reihen sich Edelrestaurants und schicke Loftbüros aneinander, Modedesigner ziehen in die renovierten Speicherhallen, Fischgroßhändler bieten Austern und Scampi zum Mittagsimbiss. So etwas nennt man dann »Revitalisierung« oder »Perlenkette Hamburgs Hafenrand«. Aber: Ganz totzukriegen ist die alte Elbstraße nicht. Vereinzelt gibt es Überreste, wie die Gaststätte *Zum Elbblick* mit ihrem singenden Wirt und den guten Bratkartoffeln (*Olbersweg 50, am Elbhang, an der Treppe gegenüber vom Rive*) oder auch Hamburgs älteste Seemanskneipe *Zum Schellfischposten (Carsten-Rehder-Str. 62). S 1 und 3, Königstraße*

Hafenstraße [122 A–B5]

Inzwischen sind die einst besetzten Häuser von Neubauten eingekreist und kein Thema mehr. Aber noch immer gehören Erläuterungen für Ortsfremde zum Standardrepertoire der Hafenkapitäne. *S 1 und 3, U 3, Landungsbrücken*

Harvestehuder Weg/ Alsterufer [123 D1–3]

Hier reiht sich eine weiße Nobelvilla an die andere, viele Konsulate und Handelsvertretungen. Der vordere Teil, die Straße *Alsterufer*, ist rund um das US-Konsulat seit dem 11. 9. 2001 für Autos gesperrt. Der Spaziergang entlang der Alster bleibt jedoch wunderbar; bei gutem Wetter viele Sonnenanbeter. *U 1, Klosterstern; S 21, 31, Dammtor*

Hamburgs schönster Blick: vom Jungfernstieg über die Binnenalster

Herbertstraße [122 A5]

Die traditionelle Bordellstraße, hinreichend kurz und überschaubar. Die Straßeneingänge sind mit Sichtblenden verbaut, die Damen präsentieren sich in Schaufenstern: geschlossene Gesellschaft für Herren. *S 1, 3, Reeperbahn; U 3, St. Pauli*

Isestraße [114 B–C 5–6]

Ensemble des Hamburger Gründerzeit- und Jugendstils, das an der U-Bahnstation Hoheluftbrücke als »Fiesestraße« beginnt, und sich abschnittweise über die »Miese-« zur eigentlichen Isestraße mit ihren hochherrschaftlichen Häusern entwickelt. Ein schöner Spaziergang. Di und Fr Hamburgs größter und bester Wochenmarkt. *U 3, Hoheluftbrücke, Eppendorfer Baum*

Jungfernstieg [109 D3–4]

★ Nach der opulenten Renovierung der Alsterpromenade gilt der Jungfernstieg wieder als höchst präsentable Einkaufsstraße. Schön ist es in der Tat geworden, mit den verschiebbaren Holzbänken auf den Alstertreppen, den Gehwegen und dem vielen, vielen Platz hier mitten in der City. Nur die neuen Bodenfliesen (eine Extraanfertigung) machen Ärger: Erst verschmutzten sie zu schnell, dann waren sie bei Regen zu glitschig und im Winter spiegelglatt. Schönheit hat eben ihren Preis. *S- und U-Bahn Jungfernstieg*

Lange Reihe [123 E4]

Gleich um die Ecke hinter dem Hauptbahnhof. Vielleicht Hamburgs lebendigste und gemischteste Straße. Viel Gemüse, viel Plunder und eine sehr hohe Kneipenkonzentration. *S- und U-Bahn Hauptbahnhof*

Mönckebergstraße [109 D–F4]

1909 als Schneise vom Hauptbahnhof zum Rathaus geschlagen, galt sie als »Starkstromleitung städtischen Lebens«. Heute eine typische Einkaufsstraße (für Privatfahrzeuge gesperrt) mit vielen Animationskünstlern. Lange Jahre galt die Mönckebergstraße als Billig-Einkaufsgegend. *U 3, Mönckebergstraße; S- und U-Bahn Hauptbahnhof*

Neuer Wall [108–109 C–D4]

Ein knapper halber Kilometer Gediegenheit, unter anderem Ausstattungsgeschäfte für den Herrn, der mit Kreditkarte und Scheck virtuos umzugehen weiß. Dank Jil Sander, Joop und Armani Hamburgs teuerste Einkaufsstraße. *S- und U-Bahn Jungfernstieg*

Peterstraße [108 A–B4]

Sieht alt aus, ist aber neu und wird von Historikern als Geschichtsklitterung abgetan. 1966 bis 1982 mit vielen Spendengeldern errichtet. Im Haus Nr. 35 befindet sich die *Johannes-Brahms-Gedenkstätte (Di, Do 10–13 Uhr; am 1. So im Monat 11–14 Uhr, Tel. 45 21 58). Bus 112, Handwerkskammer*

Reeperbahn [122 A–B5]

Weltweit bekannte Amüsiermeile. Im Ausland wird »Reeperbahn« gleichgesetzt mit »Sünde«. Die ganze Straße ist architektonisch und städtebaulich eine Beleidigung fürs Auge, aber deswegen und bei Tageslicht kommt ja auch niemand her. Die bunte Mischung aus Rotlicht und lebendiger Off-Kultur brummt vor allem am Wochenende. Vorsicht vor Fallenstellern aller Art! *S 1 und 3, Reeperbahn; U 3, St. Pauli*

Kunst, Maritimes und Skurriles

Hamburg war nie eine Kunstmetropole, doch in den letzten Jahren hat sich viel getan

Pop-Art in den Deichtorhallen

Verglichen mit anderen Groß-städten ist Hamburg arm an bedeutenden Museen. Königliche oder fürstliche Sammlungen hat es hier nie gegeben, und die ehrbaren Kaufleute hatten anderes zu tun, als ihr Geld in die Kunst zu stecken. Und auch der Senat war von eh und je der Überzeugung, Kulturpo-litik sei eher überflüssig und Kunst eine Sache für Privatleute. Vieles hat sich gebessert, auch dank ge-wünschter und erfolgter Privatiniti-ative. Einiges liegt immer noch im Argen. Die viel beschworene Kunst-meile zwischen der Galerie der Gegenwart und den Deichtorhallen zeigt Ansätze: Am Klosterwall ha-ben sich einige Galerien, das Kunst-haus, der Kunstverein und die Freie Akademie der Künste etabliert.

Hilfreich für Touristen ist der Museumsdienst. Er vermittelt Gruppen- und Einzelführungen, in-formiert über Sonderveranstaltun-gen und Kinderprogramme *(Tel. 428 13 10, www.museumsdienst. hamburg.de)*. In fast allen Häuser gibt es Kinder- bzw. Familienermä-ßigungen.

Die Hamburger Kunsthalle vereint Alte Meister und Gegenwartskunst

Altonaer Museum [121 E5]

Hauptattraktionen sind Galionsfigu-ren alter Großsegler und große Schiffsmodelle. Die Kunstsammlung umfasst norddeutsche Landschafts-malereien vom 18. Jh. bis in die Moderne. Für Kinder: origineller Nachbau eines alten Spielzeugla-dens. Eine im Museum original auf-gebaute Vierländer Kate, die 1745 im Obst- und Gemüseanbaugebiet Vierlande südöstlich von Hamburg errichtet wurde, dient heute als Ca-férestaurant. *Di–So 10–18, Do bis 22 Uhr; Eintritt 8 Euro, Museumsstr. 23, Bus- und S-Bahnhof Altona*

Bucerius Kunst Forum [109 D4]

Das von der Zeit-Stiftung getragene Museum ist ein echter Publikums-magnet geworden. Und das ist nach-vollziehbar: Die Ausstellungen sind stets gelungen. Im Keller gibt es ein

Plastiken des Meisters im Ernst-Barlach-Haus im Jenischpark

Café, dort ist auch immer ein Teil der Ausstellung kostenlos zu sehen. *Tgl. 11–19 Uhr, Eintritt 5, Mo 2,50 Euro, www.buceriuskunstforum.de, Rathausmarkt 2, U 3, Rathausmarkt*

Cap San Diego [108 A–B6]
Ehemaliger Stückgutfrachter, 1962 in Dienst gestellt, Mitte der 1980er-Jahre vor der Verschrottung gerettet und als Museumsschiff restauriert, mit Restaurant an Bord. Eindrucksvoll ist der Maschinenraum. *Tgl. 10 bis 18 Uhr, Eintritt 6 Euro, www. capsandiego.de, Überseebrücke, S 1 und 3, U 3, Landungsbrücken*

Deichtorhallen/
Haus der Photographie [109 F5]
In den einstigen Großmarkthallen ist heute internationale Kunst zu sehen. In der nördlichen Halle wechselnde Ausstellungen, in der südlichen die Fotoausstellung. *Di–So 11 bis 18 Uhr, Eintritt 7 Euro, www. deichtorhallen.de, Deichtorstr. 1–2, U 1, Steinstraße*

Deutsches Zollmuseum [109 E6]
Hier gibt's viel Kurioses für die ganze Familie zu sehen: vom Schmuggelversteck über beschlagnahmte Kuriositäten bis zur historischen Zöllneruniform. *Di–So 10–17 Uhr, Eintritt frei, Alter Wandrahm 16, U 1, Messberg* **Insider Tipp**

Ernst-Barlach-Haus [119 F4]
Schöne Sammlung des verstorbenen Mäzens Hermann F. Reemtsma im Jenischpark: Druckgrafik und Plastiken von Ernst Barlach. *Di–So 11 bis 18 Uhr, Eintritt 5 Euro (Kombiticket für das benachbarte Jenischhaus, in dem großbürgerliche Wohnkultur präsentiert wird, 7 Euro), www.barlach-haus.de, Baron-Voght-Str. 50 a, S 1, Klein Flottbek*

Erotic-Art-Museum [122 A5]
Die Kunst der Horizontalen: pikant bis peinlich, aber (fast) immer erotisch. Die Räumlichkeiten sind zumindest bemerkenswert, die Buchhandlung im Haus ist eine Fundgru-

be. *Tgl. 12–24, Fr/Sa bis 24 Uhr, Eintritt 8 Euro, www.erotic-art-muse um-hamburg.de, Bernhard-Nocht-Str. 69, S 1 und 3, Reeperbahn*

Hamburger Kunsthalle [109 E–F3]

★ Wichtigstes Hamburger Museum. Vom 1817 gegründeten Kunstverein ins Leben gerufen und vom ersten Direktor Alfred Lichtwark zu nationaler Bedeutung geführte Malerei-Sammlung. Gezeigt werden die Alten Meister; von ihnen führt der Weg lückenlos durch die Kunstgeschichte bis in die Gegenwart.

Vom *Café Liebermann* führt ein unterirdischer Gang in den Neubau, wo Stararchitekt Oswald Matthias Ungers seiner Liebe zum Quadrat freien Lauf gelassen hat. Hier hat die *Galerie der Gegenwart* einen passenden Rahmen gefunden: Pop-Art und Joseph Beuys, Julian Schnabel, Jeff Koons, Georg Baselitz, Gerhard Richter u. a.; national wie international sind alle bedeutenden Namen vertreten. Wechselnde Ausstellungen zeigt das angeschlossene *Hubertus-Wald-Forum.* Seit Februar 2006 hat die Kunsthal-

le mit Hubertus Gaßner einen neuen Direktor, der voller Elan und mit vielen Plänen für große Ausstellungen und Umbauten an seine Aufgabe herangeht. Wunderbar ist die *Kinderzeit (Sa 14–17 Uhr):* Der Nachwuchs bastelt, knetet, schnitzt unter fachkundiger Aufsicht, die Erzeuger genießen in Ruhe die Kunst. *Di–So 10–18, Do bis 21 Uhr, Eintritt 8,50 Euro, So 10–15 Uhr Brunch mit Führung, 20 Euro; www.hambur ger-kunsthalle.de, Glockengießerwall, S- und U-Bahn Hauptbahnhof*

Insider Tipp

Helms-Museum [126 C4]

Archäologisches Museum für die Frühgeschichte des Hamburger Raumes und die Geschichte Harburgs. Schöne Sonderausstellungen. *Di–So 10–17 Uhr, Eintritt 4 Euro, www. helmsmuseum.de, Museumsplatz 2 (Harburg), S 3, Harburg-Rathaus*

Hamburgisches Museum für Völkerkunde [122 C2]

Was die Überseefahrer alles von ihren Reisen mitbrachten, ergab den Grundstock für dieses Exotenmuseum, das 2004 sein 125-jähriges

---

MARCO POLO Highlights »Museen«

★ **Hamburger Kunsthalle**
Eine der wichtigsten deutschen Sammlungen alter und neuer Malerei
(Seite 41)

★ **Museum für Kunst und Gewerbe**
Modernes Design im neuen Schümann-Flügel
(Seite 42)

★ **Museum für Hamburgische Geschichte**
Von der Hammaburg bis zum Elbtunnel (Seite 42)

★ **Museum der Arbeit**
Spannend und ungewöhnlich – vieles zum Mitmachen
(Seite 42)

Bestehen feierte. Sehenswert ist die Südseeabteilung mit einem Versammlungshaus der Maori. Jeden *Insider Tipp* Donnerstag kommen ==Tangofreunde== zum Zug und dürfen sich im Foyer austoben – unter Südamerikafreunden und Latinotänzern längst eine Institution *(21.30–1 Uhr; Eintritt 3,50 Euro).* Bis 2007 wird das Haus stufenweise renoviert. *Di–So 10 bis 18, Do–21 Uhr; Eintritt 6 Euro, www.voelkerkundemuseum.com, Rothenbaumchaussee 64, U 1, Hallerstraße*

HSV-Museum   [112 B5]
Immerhin: Den HSV gibt es seit 1887. Aber auch Fans anderer Vereine werden hier glücklich: zum Beispiel beim Betrachten des Umkleideschranks von Franz Beckenbauer. *Tgl. 10–20 Uhr; Eintritt 6 Euro, in der AOL-Arena, Sylvesterallee 7, Shuttlebus vom S-Bahnhof Stellingen nur bei Veranstaltungen*

Museum der Arbeit   [116 B5]
★ Engagiertes Hamburger Museumsprojekt in den Gebäuden der ehemaligen »New York Hamburger Gummi-Waaren Compagnie«. Der harte Arbeitsalltag im Industriezeitalter steht im Mittelpunkt. Besonders lehrreich die »Druckerwerkstatt«, vor allem für Kinder, Mitmachen ist nämlich erlaubt. Außerdem Stadtrundgänge. *Mo 13–21, Di–Sa 10–17, So 10–18 Uhr; Eintritt 4 Euro, www.museum-der-arbeit.de, Wiesendamm 3, S 1, U 2 und 3, Barmbek*

Das Museum hat zwei Außenstellen: das im Aufbau befindliche *Hafenmuseum* am Hansahöft auf der Veddel mit alten Barkassen und einem Schwimmkran sowie das auf dem Lagerboden eines alten Speicherschuppens beheimatete *Speicherstadt-Museum (St. Annenufer 2, Di–So 10–17 Uhr; Eintritt 3 Euro, U 1, Messberg).*

Museum für Hamburgische Geschichte   [108 A4]
★ Einer der schönsten Hamburger Museumsbauten, 1922 von Fritz Schumacher erbaut. Modelle von der Hammaburg bis zur Gegenwart. Lehrreich das Modell des Doms, den die Hamburger während der Franzosenbesatzung 1806/07 abgerissen haben. Dokumente zur Kultur des Bürgertums, Kaufmannsdiele und Wohnzimmer, Hafenmodelle. Beliebt ist die große Eisenbahnanlage *(Vorführungen viermal tgl.).* Für Kulturmüde gibt's das *Café Fees* im glasüberdachten Innenhof. *Di bis Sa 10–17, So bis 18 Uhr; Eintritt 7,50 Euro, www.hamburgmuseum.de, Holstenwall 24, U 3, St. Pauli*

Museum für Kommunikation   [108 C2]
Vom Wattläufer bis zum Internet alles über die Geschichte des Fernmeldewesens. Eine Einrichtung der Museumsstiftung der Post und daher passend untergebracht im alten Telegrafenamt von 1882. Gut ==geeignet für Kinder, weil es viel interaktiven Spielkram== *Insider Tipp* gibt: z. B. Rohrpostbriefe selbst verschicken. *Di–So 9–17 Uhr; Eintritt 3,50 Euro, Gorch-Fock-Wall 1, U 1, Stephansplatz*

Museum für Kunst und Gewerbe   [123 E5]
★ 1877 unter seinem ersten Direktor Justus Brinckmann eröffnet mit der Zielsetzung, die »Anschauung der besten Hervorbringungen aller Zeiten und Länder« zu fördern. Japanisches Handwerk und bäuerliche Kultur der Vierlande gehörten

von Anfang an gleichberechtigt zusammen. Ganz wunderbar sind die Jugendstilabteilung mit dem »Pariser Salon«, erworben auf der Weltausstellung 1900, und der Schümann-Flügel mit Mode und Design des 21. Jhs. Einen Imbiss gibt's in der **Destille**. *Di–So 10–18, Do bis 21 Uhr, Eintritt 8 Euro, www.mkg-hamburg.de, Steintorplatz 1, S- und U-Bahn Hauptbahnhof*

insider tipp

Panoptikum [122 A5]
Das älteste Wachsfigurenkabinett Deutschlands, seit über 125 Jahren an der Reeperbahn. Von Napoleon bis Harry Potter sind sie hier alle verewigt. *Mo–Fr 11–21, Sa bis 24, So 10–21 Uhr, Eintritt 4,50 Euro, www.panoptikum.de, Spielbudenplatz 3, U 3, St. Pauli*

Rickmer Rickmers [108 A6]
Historische Dreimastbark von 1896 an den Landungsbrücken. Die Masten sind 53 m hoch. Mit der Segelfläche von maximal 3500 m^2 konnten 3000 t Fracht befördert werden. Original eingerichtete Kabinen, mit Kombüse und Seemannsklo. An Bord ein Restaurant. Seit Januar 2006 offizielle Schiffspoststelle – schicken Sie doch mal eine Ansichtskarte! *Tgl. 10–18 Uhr, Eintritt 3 Euro, www.rickmer-rickmers.de, Landungsbrücken, Brücke 1, S 1 und 3, U 3, Landungsbrücken*

Spicy's [109 D6]
Kleines Gewürzmuseum, dem Thema angemessen untergebracht auf einer Lagerhausetage in der Speicherstadt. *Di–So (Juni–Okt. auch Mo) 10–17 Uhr, Eintritt 3 Euro, www.spicys.de, Am Sandtorkai 32, Metrobus 3, 6: Auf dem Sande*

Zoologisches Museum der Universität [122 B2]
Gnus, Tiger, Katzen und die NDR-Antja, wenn auch ausgestopft, direkt vor der Nase und (fast) zum Anfassen. Klasse für Kinder. *Di–Fr 9–13, 14–18 Sa/So 10–17 Uhr, Eintritt frei, Martin-Luther-King-Platz 3, U 2 und 3, Schlump*

Kunst in freier Wildbahn

Menschen aus Holz und Bahngleise als Mahnmal

Steht da nicht ein Mann mitten auf der Alster? Keine Panik, er ist nicht aus Fleisch und Blut, sondern aus Holz. 2,40 m groß, fest mit einer Boje verankert, steht bzw. schwimmt er im Sommer bei der Gurlittinsel auf der Außenalster. Der Künstler Stefan Balkenhol ist der Schöpfer des weiß behemdeten Gentleman und seiner Kollegen auf der Elbe. Sie alle entstanden im Rahmen des Projektes »Kunst im öffentlichen Raum«. Wundern Sie sich also nicht, wenn Sie an den Alsterwiesen über einen silbernen Meteoriten stolpern oder im Hauptbahnhof-Nord beim Warten auf die U-Bahn auf ein merkwürdig totes Gleis blicken. Alles Arbeiten, die mit dem Geld der Kulturbehörde finanziert wurden. So knauserig sind die Hamburger Pfeffersäcke also offenbar doch nicht …

Kutterscholle, Sushi oder Hummer?

Hamburg ist das Tor zur Welt. Das stimmt zumindest für die Küche – sie ist nicht nur international, sondern häufig auch hervorragend

Labskaus, rote Grütze und Fisch bis zum Abwinken – so mag sich der Binnenländer die Hamburger Küche vorstellen. Diese Zeiten sind lange vorbei. Die Hamburger Küche hat längst Spitzenstandard erreicht, aber natürlich gibt es überall auch eine einfache Pizza und dazu eine Reihe von Lokalen, die sich der Alt-Hamburger Küche verpflichtet fühlen, ohne den Gast mit Unverdaulichem zu traktieren.

Manchmal wichtiger als die Qualität der Küche sind in Hamburg die Lage und der Blick aus dem Fenster und das gilt für das Alster- und Elbufer gleichermaßen. Nachvollziehbar, dass in diesen Restaurants auch das Preisniveau hoch ist. Leider zeichnet diese Unbescheidenheit ziemlich viele Hamburger Gastronomen aus. Die Preise sind in der ganzen Stadt manchmal jenseits von Gut und Böse.

Welche Restaurants, Cafés oder Kneipen gerade großen Zuspruch erfahren, ist nicht vorherzusehen. Wenn Sie auf Nummer sicher gehen wollen, reservieren Sie vorher,

Typisch Hamburger Kombination: edles Meeresgetier und dazu der Blick auf Elbe und Hafen

egal ob Sie teuer oder preiswert essen wollen. Was gerade »in« ist, ist immer voll. Fast alle teuren Restaurants bieten günstige Mittagsmenüs an, machen dann aber meist bis zum Abend zu oder haben bis dahin nur eine kleine Karte. Anders die günstigen Häuser: Hier gilt die große Karte meist den ganzen Tag, manchmal bis tief in die Nacht hinein. Auf förmliche Kleidung wird nur noch selten Wert gelegt.

EIS, CAFÉS & IMBISSE

Al Arabi [121 D4]
Falafel gibt es viele – diese gehören zu den besten in Hamburg. *Tgl., Barnerstr. 42, Tel. 39 28 21, Bus- und S-Bahnhof Altona*

Alex im Alsterpavillon [109 D3]
Seit der Alsterpavillon das »Alex« im Namen trägt, geht man als Hamburger hier nicht mehr hin. Viel zu viel Volk … Andererseits: dieser wunderbare Blick! *Tgl., Jungfernstieg 54, Tel. 350 18 70, S- und U-Bahn Jungfernstieg*

Andersen [109 D3]
Märchenhafte Torten, feinste Schokolade und selbst gemachte Trüffel.

Das Witthüs: stilvolle Teestube und Restaurant im Blankeneser Hirschpark

Auch zum Frühstücken bestens geeignet. *Tgl., Jungfernstieg 26 (Hamburger Hof), Tel. 689 46 40, S- und U-Bahn Jungfernstieg*

Bodo's Bootssteg [123 D2]

Insider Tipp

Die schönste Mittagspause? Bei Bodo im Liegestuhl liegen, Kaffee trinken und den Seglern zuschauen. *Im Sommer tgl. ab 11 Uhr, im Winter nur Sa/So, Bootssteg Rabenstraße, Tel. 410 35 25, S 21 und 31, Dammtor; Bus 109, Böttgerstraße*

Bok – Asia Imbiss [121 E5]

Ein bisschen wie eine Kantine, aber lecker, frisch und preiswert. *Tgl. ab 7, im Winter ab 10 Uhr, Ottenser Hauptstr. 1, Tel. 39 90 33 90, Bus und S-Bahnhof Altona*

Broders Culinarium [109 D1]

Früher mal ein Feinkostladen, heute ein Imbiss – aber eine ganz, ganz feiner: Stubenküken in Morchelrahm und Ähnliches. *Sa abends und So geschl., Mittelweg 172, Tel. 410 71 05, Bus 109, Fontenay*

Café im Buddhistischen Zentrum [122 A4]

Wie wär's zu Abwechslung mit etwas Diamantgeist-Meditation? Abends und am Wochenende geht es hier hochgeistig zu, zur Entspannung ist dann das nette Café geöffnet. Es ist für jeden zugänglich und erlaubt interessante Milieustudien. *Sa/So, Mo–Fr nur abends, Thadenstr. 79, Tel. 432 83 80, Metrobus 3, Bernsdorffstraße*

Café Lindtner [114 C5]

So hat es der Liebhaber traditionsreicher Kaffeekultur gern. Zum Heißgetränk gibt es Pralinen aus eigener Herstellung und am Wochenende (Sa/So) einen kleinen, feinen Brunch. *Tgl., Eppendorfer Landstr. 88, Tel. 480 60 00, U 1 und 3, Kellinghusenstraße*

Café Wien [109 E3]

★ Nur ein Schiffsboden und der Tisch trennen die Cappuccinotasse vom Wasser der Binnenalster. Da fühlen sich Hanseaten fast wie am

Gardasee. *Tgl., Ballindamm auf dem Schiff, Tel. 33 63 42, S- und U-Bahn Jungfernstieg*

Casting-Café Catwalk [122 A2]

🏃 Wollen Sie für den Film entdeckt werden? Dann müssen Sie hier mittwochs Ihren Kaffee trinken: 16–18 Uhr wird für TV-Produktionen gecastet. Im Hinterhof gelegen. *Tgl., Weidenallee 10 b, Tel. 28 05 15 10, Bus 115, Sternschanze*

Eisliebe [121 D4–5]

Zimt-Pflaume: ein Traum! Im Sommer steht halb Ottensen Schlange vor der winzigen Eisdiele. *Im Sommer tgl. 12–20 Uhr, Bei der Reitbahn 2, Tel. 39 80 84 82, Bus- und S-Bahnhof Altona*

Esszimmer [122 A2]

Sooo lecker! Der Jens kocht, die Gaby serviert – und beide sind sooo freundlich. Einer der besten Mittagstische der Stadt. *So geschl., Eppendorfer Weg 73, Tel. 89 00 69 00, Metrobus 20, Fruchtallee*

Fleetschlösschen [123 D6]

⭐ Gegenüber entsteht das Peter-Tamm-Museum, Sie trinken ihren Kaffee im winzigen historischen Lotsenhaus. Mitten in der Hafencity zählt Inhaber Christian Oehler (noch) zu den Gastropionieren. *Tgl., Brooktorkai, Tel. 30 39 32 10, Metrobus 3, 6, Bei St. Annen*

Literaturhaus-Café [123 F2]

Ein Haus für den ganzen Tag: Frühstück, Café und kleine Gerichte gibt es im wunderschönen Stucksaal; die Buchhandlung im Haus lädt zum Schmökern, und abends treffen sich Buchfreunde zur Autorenlesung. *Tgl., Schwanenwik 38, Tel. 220 13 09, www.literaturhauscafe.de, Metrobus 6, Mundsburger Brücke*

Lühmanns [118 B3]

Monika Lühmann liebt Blankenese. Und ganz Blankenese liebt ihre Torten, vor allem ihren Cornish Cream Tea. Viele Speisen aus Ökoprodukten. *Tgl., Blankeneser Landstr. 29, Tel. 86 34 42, S 1, Blankenese*

MARCO POLO Highlights
»Essen & Trinken«

⭐ **Fischereihafen-Restaurant**
Klassiker mit Terrasse und Elbblick (Seite 49)

⭐ **Schauermann**
Das Ambiente, die Speisen, der Elbblick: alles erstklassig (Seite 54)

⭐ **Fleetschlösschen**
Wunderschön mitten in der Hafencity (Seite 47)

⭐ **Café Wien**
Guter Kaffee in allerbester Lage (Seite 46)

⭐ **Brook**
Ambitionierte Küche mit Blick auf die Speicherstadt (Seite 49)

⭐ **Louis C. Jacob**
Der vielleicht beste Koch der Stadt (Seite 48)

Die Gourmettempel von Hamburg

Sgroi [123 E4]

Der Name Anna Sgroi steht seit Jahren für hervorragende italienische Küche, geadelt mit einem Michelinstern. In St. Georg hat sich die sympathische Köchin ihren Traum von einem eigenen Haus erfüllt. Menü ab 58 Euro. *Sa nur abends, So/Mo geschl., Lange Reihe 40, Tel. 28 00 39 30, Metrobus 6, Gurlittstraße*

Haerlin [109 D3]

Dezente Pianomusik und aufmerksame Kellner beweisen: Die hoch prämierte Küche im hoch prämierten *Vierjahreszeiten* bietet Stil und Klasse. Bei den Herren wird zumindest Jackett erwartet. Menü ab 69 Euro. *Nur abends, So/Mo geschl., Neuer Jungfernstieg 9–14, Tel. 349 40, S- und U-Bahn Jungfernstieg*

Louis C. Jacob [119 D–E5]

⭐ Ziemlich an der Spitze – mehr gibt es dazu nicht zu sagen. Chefkoch Thomas Martin ist nicht nur ein Künstler, sondern auch ein unprätentiöser Gastgeber. Lassen Sie Platz für die tollen Petits Fours zum Café. Menü ab 80 Euro. *Tgl., Elbchaussee 401–403, Tel. 82 25 50, Schnellbus 36, Sieberlingstraße*

Landhaus Scherrer [120 C5]

Namenspatron Armin Scherrer lebt zwar schon lange nicht mehr, die von ihm wieder entdeckte krosse Vierländer Ente ist aber immer noch ein Gedicht. Menü ab 79 Euro. *So geschl., Elbchaussee 130, Tel. 880 10 11, Schnellbus 36, Hohenzollernring*

Poletto [114 C4]

Nur wenige Frauen in Deutschland erkochten sich bislang einen Michelinstern – unter ihnen die erst 34-jährige Cornelia Poletto. Das feine, ganz in weiß gehaltene Restaurant in Eppendorf ist ein Familienunternehmen. Ehemann Remigio leitet den Service und den Weinkeller. Menü ab 49 Euro. *Sa nur abends, So/Mo geschl., Eppendorfer Landstr. 145, Tel. 480 21 59, Metrobus 20 und 22, Eppendorfer Markt*

Seven Seas Süllberg [118 B4]

◁▷ An den Milchausschank von 1837 erinnert heute nichts mehr. Auf dem Süllberg in Blankenese ist nicht nur der Blick, sondern vor allem die Küche von Karl-Heinz Hauser Spitze. Werfen Sie einen Blick in den Ballsaal und besuchen Sie im Sommer den *Biergarten:* Es gibt kaum einen schöneren Platz in Hamburg. Menüs ab 56 Euro. *Mo/Di geschl. (Bistro tgl.), Süllbergterrasse 12, Tel. 866 25 20, Schnellbus 48, Waseberg*

Tafelhaus [121 D1]

◁▷ Meisterkoch Christian Rach ist und bleibt ein Liebling der Hamburger Feinschmecker. Das Ambiente im Neubau an der Elbe ist zwar etwas kühl, der Blick dafür umso großartiger. Menü ab 54 Euro. *Sa/So nur abends, Neumühlen 17, Tel. 89 27 60, Bus 112, Lawaetzhaus*

Oberhafenkantine [109 F6]

Tim Mälzer goes Hafencity – und das schon ab 6 Uhr morgens. Der Imbiss im historischen Gemäuer war schon Kult, bevor er im Sommer 2006 seine Tore öffnete. *So geschl., Stockmeyerstr. 39, kein Tel., U 1, Messberg*

Witthüs Teestuben [118 C4]

🏃 Idylle unterm Reetdach, draußen im Westen mitten im Blankeneser Hirschpark. Nachmittags große Teeauswahl, abends gepflegtes Essen. *Mo abends geschl., Elbchaussee 499 a, Tel. 86 01 73, S 1, Blankenese; Metrobus 1 und 22, Mühlenberg*

RESTAURANTS €€€

Allegria [115 D4]

Der Küchenchef kommt aus Kärnten, die Speisekarte hat einen französisch-italienischen Einschlag. Das Boulevardtheater Winterhuder Fährhaus hat die gleiche Adresse. *Di–Sa nur abends, So ab 14.30 Uhr, Hudtwalckerstr. 13, Tel. 46 07 28 28, U 1, Hudtwalckerstraße*

L'Auberge [122 C2]

War – wenn man so will – das erste Feinschmeckerrestaurant Hamburgs und ist immer noch eine Topadresse. *Mo–Sa nur abends, So geschl., Rutschbahn 34, Tel. 410 25 32, U 1, Hallerstraße*

Brook [109 D6]

⭐ 🍲 Toller Blick auf die Speicherstadt und viel Platz: Das Interieur ist großzügig, stilvoll und modern. Und was Witzigmann-Schüler Lars Schablinski auf den Tisch bringt, schmeckt auch noch vorzüglich. *So geschl., Bei den Mühren 91, Tel. 37 50 31 28, U 1, Messberg*

Le Canard Nouveau [121 D5]

🍲 Ali Güngörmüs war 2003 die »Gault-Millaut-Entdeckung des Jahres«, mit gerade einmal 27 Jahren. Nun kocht der Münchner mit türkischen Wurzeln dort, wo einst Josef Viehhauser den Löffel schwang. Der Blick auf die Elbe ist immer noch großartig, die Küche entwickelt sich. *Sa/So nur abends, Mo geschl., Elbchaussee 139, Tel. 88 12 95 31, Schnellbus 36, Hohenzollernring*

Clasenhof [121 D4]

Schönes Lokal in einem Hinterhof in Ottensen, stilvoll bis ins Kaffeekännchen. Die offene Showküche in der Mitte hat Unterhaltungswert. *Nur abends, Mo geschl., Große Brunnenstr. 61 a, Tel. 280 76 98, Bus- und S-Bahnhof Altona*

Cox [123 E4]

🏃 Gute neudeutsche Küche in St. Georg mit dem Drang zu Höherem. *Sa/So nur abends, Lange Reihe 68, Tel. 24 94 22, Metrobus 6, Gurlittstraße*

East [122 A5]

🏃 Vorab: Essen können Sie ruhiger und besser woanders. Aber wo sonst ist so viel los? Wo sonst ist das Design so abgefahren? Zumindest für einen Cocktail in der Bar *Yakshis* sollten Sie am Freitagabend hier einmal auftauchen. *Tgl., Simon-von-Utrecht-Str. 31, Tel. 30 99 30, U 3 St. Pauli*

Fischereihafen-Restaurant [121 E6]

⭐ Das Buch zum Restaurant heißt »Fish & Vip's« – Vater und Sohn Kowalke hatten eben schon immer ein Händchen für gute PR. Aber viel

Unverbaubarer Elbblick: Das Rive logiert im ehemaligen Kreuzfahrtterminal

wichtiger ist natürlich: Ihre Fischgerichte sind erste Klasse! *Tgl., Große Elbstr. 143, Tel. 38 18 16, Bus 383, Van-der-Smissen-Straße oder Fähre 62, Dockland*

Henssler Henssler [121 E6]

Vater und Sohn Henssler – Letzterer ist gerade zum TV-Koch aufgestiegen – wirken in einer alten Markthalle mit entsprechendem Flair: laut, hallig, Blick auf die Straße, aber das pralle Leben. Zu speisen gibt es Sushi und anderes, was edel ist und nach Asien schmeckt. *So geschl., Große Elbstr. 160, Tel. 38 69 90 00, Bus 383, Sandberg*

Indochine [121 D5]

Tolle Aussicht auf die Elbe, dazu eine gigantische Terrasse und eine interessante (unter Kennern allerdings umstrittene) euro-asiatische Küche. Nachteil: ganz schön laut, wenn es voll ist. *Tgl., Neumühlen 11, Tel. 39 80 78 80, Bus 112, Neumühler Kirchenweg*

Mess [122 B4]

Klein, edel, köstlich: Das Souterrainrestaurant im szenigen Karolinenviertel lockt mit fein abgeschmeckten Gerichten und grandiosen Desserts. *Sa/So nur abends, Turnerstr. 9, Tel. 43 41 23, U 3, Feldstraße*

Paolino [109 E2]

Hier serviert Hamburgs berühmtester Wirt seine berühmten Nudeln den (gelegentlich) berühmten Gästen. Ebenso berühmt ist der Blick, überhaupt nicht rühmenswert ist leider häufig der Service. *Mo geschl., Tel. 41 35 56 55, Alsterufer 2, S 21 und 31, Dammtor*

Le Plat du Jour [109 D5]

Das »Tagesgericht« in Rathausnähe (etwas versteckt) ist beliebt bei Bankern, Brokern und anderen wichtigen Leuten. Patron Jacques Lemercier bürgt für gehobene Bistroküche. *So Ruhetag, Dornbusch 4, Tel. 32 14 14, U 3, Rathaus*

Rive [121 E6]

✼ Von Auster bis Zander wird serviert, was im Wasser lebt – mit Blick auf dasselbige. Nichts für Leute mit schlechtem Gehör (der Lärmpegel hat es in sich) oder mit Sitzfleisch, denn hier wird flott serviert und auch wieder abgeräumt. *Tgl., Van-der-Smissen-Str. 1, Tel. 380 59 19, Bus 383, Fährterminal oder Fähre 62, Dockland*

Saliba [121 D3]

Syrisch-libanesische Küche in edel und schwer beliebt. Beachtenswerter Marmorboden. Besonders empfehlenswert ist die vielseitige Kombination unterschiedlicher Vorspeisenvariationen. *Tgl., Leverkusenstr. 54, Tel. 85 80 71, S 3 und 21, Diebsteich.*

Stocker [121 F4]

Stuck und Lampenschmuck sind spektakulär und entschädigen für die Lage im unschönen Teil Altonas. Geboten wird österreichische Küche vom Feinsten. *Sa/So nur abends, Mo geschl., Max-Brauer-Allee 80, Tel. 38 61 50 56, Metrobus 20, Max-Brauer-Allee*

RESTAURANTS €€

Alt Helgoländer Fischerstube [121 F5]

Da lacht das Herz der Landratte auf Hafenbesuch: urige Kajütengemütlichkeit mit entsprechend maritimangehauchter Speisekarte. *Tgl., Fischmarkt 4, Tel. 319 46 96, Bus 112, Hafentreppe*

Atlas [121 D3]

Restaurant und Bar in einer ehemaligen Fabrikhalle im Hinterhof. Die Inneneinrichtung ist sehenswert, die Küche bodenständig bis raffiniert, der Service flink. *Tgl., Schützenstr. 9 a (im Phoenixhof), Tel. 851 78 10, Metrobus 2, Bus 288, Schützenstraße (Süd)*

Die Bank [108 C3]

Auch eine Idee: eine Brasserie und Bar in einer alten Schalterhalle – natürlich alles superschick. Wie sagt Geschäftsführer Dirk von Haeften? »Ich habe New York nach Hamburg geholt.« Sehr gut geeignet für den *Caffè latte* im Anschluss ans Sonnabend-Shopping. *Tgl., Hohe Bleichen 17, Tel. 23 80 03 30, Metrobus 4, 5, Gänsemarkt*

Insider TiPP

Bistro Vienna [122 A2]

Winziges Restaurant mit großer Fangemeinde. Bringen Sie etwas Zeit mit, denn es werden keine Reservierungen angenommen. *Nur abends, Mo geschl., Fettstr. 2, Tel. 439 91 82, U 2, Christuskirche*

Bobby Reich [115 D6]

✼ Bobby Reich ist und bleibt eine Institution. Service und Preise könnten sich dem gerne mal anpassen. Aber: Der Blick ist phantastisch! *Tgl., Fernsicht 2, Tel. 48 78 24, Bus 109, Harvestehuder Weg*

Brücke [114 B6]

Genau das Richtige für Journalisten, Werber und andere, die gerne kreativ sind (oder es gerne wären). Freundliche Atmosphäre, auch gut für den Kaffee nach einem Gang über den Isemarkt. *So nur abends, Innocentiastr. 82, Tel. 422 55 25, U 3, Hoheluftbrücke*

Café Paris [109 D4]

Darauf hat *tout Hambourg* gewartet: Mit »Bonjour Madame« be-

grüßt zu werden und den Apéro zu garantiert pariserischem Lärm zu trinken. *Tgl., Rathausstr. 4, Tel. 32 52 77 77, U 3, Rathausmarkt*

Cuneo [122 A5]

Cuneo ist unverändert *die* Adresse auf dem Kiez, 2005 wurde der 100. Geburtstag gefeiert. Die Musicbox steht unter Denkmalschutz, einige Gäste auch. *Nur abends, So geschl., Davidstr. 11, Tel. 31 25 80, S 1 und 3 Reeperbahn; U 3, St. Pauli*

Das weiße Haus [121 D6]

Tim Mälzer rauf, Tim Mälzer runter: Wer den multimedialen Kochstar noch nicht leid ist, kann hier dessen Kochkünste testen und ihn manchmal sogar persönlich antreffen. Selbstredend ist wochenlang vorher ausgebucht, es wird gegessen, was auf den Tisch kommt, und das alles in zeitlich festgelegten Schichten. Aber das Essen schmeckt durchaus. *Nur abends, So geschl.,*

Neumühlen 50, Tel. 390 90 16, Bus 112, Neumühlen

De Danske Hereford [109 E5]

Carlsberg, Smørrebrød und dänischer Aquavit – hier geht's in einem alten Hamburger Bürgerhaus dänisch zu. *Sa/So nur abends, Schopenstehl 32, Tel. 32 18 85, U 1, Messberg*

Eisenstein [121 D4]

Designerambiente in einer ehemaligen Fabrikhalle. Der Lärmpegel ist in der Regel hoch – aber die Holzofenpizza köstlich! *Tgl., Friedensallee 9, Tel. 390 46 06, Bus- und S-Bahnhof Altona*

Fillet of Soul [109 F5] Insider Tipp

🏃 Kochen und Kunst passen gut zusammen, wie das stilvolle Restaurant mit Showküche an den Deichtorhallen zeigt. Vor allem mittags ein echter Tipp – da sind die beiden Ausstellungshallen nämlich noch

Bonjour! Frankreich in Hamburg – das Café Paris

geöffnet. *Mo geschl., Deichtorstr. 2, Tel. 70 70 58 00, U 1, Messberg*

Friesenkeller [109 D4]

Hier, mitten in der City und direkt am Fleet gelegen, könnte man Touristennepp erwarten. Ist aber nicht so, ganz im Gegenteil: solide norddeutsche Küche zu soliden Preisen. *Tgl., Jungfernstieg/Ecke Alsterarkaden, Tel. 35 76 06 20, S- und U-Bahn Jungfernstieg*

Jena Paradies [109 F5]

Für Kunstfreunde idealer Mittagsstopp nach einem Besuch der Deichtorhallen oder des Kunstvereins. *Tgl., Klosterwall 23, Tel. 32 70 08, U 1, Steinstraße*

Jus [114 B6]

Nettes kleines Eppendorfer Restaurant, sehr persönlich geführt. Feine Küche und eine gute Weinkarte. *Sa/So nur abends, Lehmweg 30, Tel. 42 94 96 54, U 3, Hoheluftbrücke*

La Luna [122 A4]

Gute Pizza gibt's, aber die Küche hat längst höhere Ambitionen. Genau das Richtige für den romantischen Abend zu zweit. Keine Kredit- oder EC-Karten! *Nur abends, Neuer Kamp 13, Tel. 43 36 66, U 3, Feldstraße*

Madame Hu [122 A4]

Schwer zu finden auf der befahrenen Stresemannstraße, aber es lohnt sich. Vor allem im Sommer, wenn die romantische Terrasse (trotz hässlicher Nachbarhäuser) geöffnet ist. Serviert wird Euro-Asiatisches der gehobenen Art. *Nur abends, Mo geschl., Bei der Schilleroper 6, Tel. 430 82 73, U 3, Feldstraße*

La Mirabelle [122 B2]

Liebevoll geführtes französisches Restaurant im Universitätsviertel. *Nur abends, So geschl., Bundesstr. 15, Tel. 410 75 85, Metrobus 4 und 5, Staatsbibliothek*

Nil [122 A4]

🏃 Ehemaliger Schuhladen im 50er-Jahre-Look mit guter, ambitionierter Küche. Wer Leute kennen lernen will: Jeden Sonntagabend wird ein so genanntes Abendbrot an großen Tischen (für 18 Euro pro Person) serviert. Hinterher geht es in eine der schrägen Bars direkt nebenan. *Di geschl., Neuer Pferdemarkt 5, Tel. 439 78 23, U 3, Feldstraße*

Old Commercial Room [108 B5]

Maritim, dass es nur so knarrt. Berühmt für Labskaus und andere zünftige Gerichte vom »Captain's Table«, die auch in Dosen verkauft werden. *Tgl., Englische Planke 10, Tel. 36 63 19, U 3, Baumwall*

Le Paquebot [109 E4]

Gewissermaßen die Kantine im Gebäude des Thalia-Theaters. Mittags voll, abends voll und nach den Vorstellungen erst recht. *So nur abends, Gerhart-Hauptmann-Platz 70, Tel. 32 65 19, S- und U-Bahn Jungfernstieg*

Restaurant Engel [119 F5]

🔽 Schwimmendes Restaurant am Anleger in Teufelsbrück mit hervorragender Küche, was nicht verwundert, denn im Hintergrund wirkt Christian Rach, der versierte Küchenkünstler des Tafelhauses. *Tgl., Tel. 82 41 87, Anleger Teufelsbrück, Elbchaussee, Schnellbus 36, Teufelsbrück*

Am besten ein großes, frisches Steak – die Schlachterbörse

Sai Gon [114 C4]

Viet quai (geröstete Entenbrust) gibt es hier und andere vietnamesische Spezialitäten, alles in schönster Atmosphäre. *Tgl., Martinistr. 14, Tel. 46 09 10 09, Metrobus 20 und 22, Eppendorfer Marktplatz*

Schauermann [122 A6]

★ 🏃 〽️ Ambitionierte, junge Küche mit Hafenblick und einem außerordentlichen Mobiliar: Die original lila Thonet-Stühle gehörten einst zum Restaurant des Fernsehturms. *Nur abends, So geschl., St. Pauli Hafenstr. 136–138, Tel. 31 79 46 60, Bus 112, St.Pauli/Hafenstraße*

Schlachterbörse [122 A3]

Zwischen hemdsärmelig und distinguiert, zwischen Ochsenkotelett und Austern schwanken Angebot und Gäste. Interessant auch die Automarken vor der Tür. *Tgl. ab 16 Uhr, So geschl., Kampstr. 42, Tel. 43 65 43, U 3, Feldstraße*

Shikara [121 D4]

Klassischer Inder, wie man es erwartet: schönes Interieur mit vielen Kissen und Holz, Currys auf der Speisekarte und Teppiche überall. Sich langweilende Pärchen freuen sich über die Bollywood-Filme auf dem Flachbildschirm. *Tgl., Bahrenfelder Str. 241, Tel. 39 90 66 96, Bus- und S-Bahnhof Altona*

Ständige Vertretung [108 C4]

〽️ Wenn Sie aus Berlin kommen, dann kennen Sie das ja alles. Die Hanseaten lieben das lebendige Haus mit den Politikerfotos, dem Kölsch und der Terrasse am Fleet. *Stadthausbrücke 1, Tel. 36 00 60 01, S 1 und 3, Stadthausbrücke*

Turnhalle [123 E4]

Schwitzen tun hier nur noch die Kellner, denn die fast 300 Plätze in der ehemaligen Schulturnhalle in St. Georg sind meist besetzt – nix für ein intimes Vier-Augen-Diner. Dafür, dass dies einer der angesag-

testen Plätze in der City ist, sind die Preise moderat. *Tgl., Lange Reihe 107, Tel. 28 00 84 80, Metrobus 6, AK St. Georg*

Vapiano [108 C4]

Warum ist gerade das Vapiano so in? Weil man hier so schick an hohen Tischen steht, eine Chipkarte am Eingang bekommt und sich dann sein Essen selbst zusammenstellt? Weiß der Teufel, aber der Laden ist immer voll! *Tgl., Hohe Bleichen, Tel. 35 01 99 75, U 2, Gänsemarkt*

Weinhexe [109 F5]

Praktisch eine Art Kantine der innerstädtischen Pressehäuser. Untergebracht in der architektonisch bedeutsamen Spitze des Chilehauses. Leckere Antipasti. *Sa/So geschl., Burchardstr. 13 c, Tel. 33 75 61, U 1, Messberg*

Zippelhaus [109 D6]

Zippeln, darunter versteht man in Hamburg ordinäre Zwiebeln, und die wurden hier in früheren Zeiten gelagert. Heute lässt sich hier prachtvoll in einem wunderschönen Ambiente speisen. Tipp: das preiswerte Mittagsmenü. *Sa nur abends, So geschl., Zippelhaus 3, Tel. 30 38 02 80, U 1, Messberg*

Zirkus Erich [122 A5]

Insider Tipp

Nettes Restaurant in der Nähe der Reeperbahn. Ideal für das abendliche Tête-à-tête – wer dann in Stimmung ist oder sich noch in selbige bringen will, besucht nach dem Essen das im rückwärtigen Teil des Hauses gelegene Erotic-Art-Museum. Ein schönes Café mit Sommerterrasse gibt's auch. *Mo/Di geschl., sonst ab 18 Uhr, Erichstr. 19, Tel. 68 87 30 33, S 1 und 3, Reeperbahn*

RESTAURANTS €

Balutschistan [122 C2]

Minze und Kichererbsen zum Essen. Teppich-Sitzecke, Holztische und pakistanische Schnitzereien sorgen für die »Atmo«. Bei der Uni, ziemlich groß. *Tgl., Grindelallee 91, Tel. 41 28 02 46, Metrobus 4 und 5, Grindelhof*

bok-mikawa Restaurant [122 A3]

Eines der beliebten Restaurants der Bok-Familie im Schanzenviertel. Hier sind Sie goldrichtig, wenn Sie Lust auf Gegrilltes haben. Aber Sushi und Sashimi gibt es natürlich auch. *Tgl., Schulterblatt 92, Tel. 430 44 58, Bus 115, Schulterblatt*

La Bottega Lentini [114 B5]

War mal ein simpler Stehimbiss. Jetzt trifft sich hier ganz Eppendorf zu Weißwein und Pasta an den Stehtischen und auf den Holzbänken; die Stimmung ist entsprechend gut. *Tgl., Eppendorfer Weg 267, Tel. 696 02 63, Bus 114, Haynstraße*

Café Altamira [121 D3]

Insider Tipp

Viva España: immer voll, immer hektisch, immer leckere Tapas. *Nur abends, Bahrenfelder Str. 331, Tel. 85 37 16 00, Metrobus 20, Bus 288, Schützenstraße (Süd)*

Café Central [109 D5]

Der Name führt in die Irre: Dies ist kein Café, sondern ein Restaurant, und zwar ein portugiesisches. Zudem wirklich zentral gelegen. *So geschl., Tel. 37 51 82 80, Große Bäckerstr. 4, U 3, Rathaus*

Daniel Wischer [109 E4]

Fisch aus der Bratküche gibt es hier schon seit Jahrzehnten, auch zum

Hamburger Spezialitäten

Lassen Sie sich diese Köstlichkeiten gut schmecken!

Aalsuppe – besteht aus allem (plattdeutsch: aal), nur nicht aus Aal. Traditionell eine schweißtreibende Angelegenheit. Früher durften die Herren zur Aalsuppe sogar ihren Bratenrock ablegen

Alsterwasser – Mischung aus Zitronenlimonade und Bier (eins zu zwei). Wird andernorts als »Radler« getrunken

Birnen, Bohnen und Speck – Kochbirnen, grüne Bohnen und durchwachsener Speck zusammen gekocht – ein preiswerter Eintopf

»Finkenwerder«-Scholle – wird in der Pfanne gebraten, mit gerösteten Speckwürfeln bestreut und mit Kartoffelsalat serviert

Franzbrötchen – süßes Backwerk mit viel Zimt. Nirgends so gut wie hier. Vielleicht ein Überbleibsel der französischen Besatzungszeit

Labskaus – gilt als *das* Seemannsgericht. Pökelfleisch, Kartoffeln, Zwiebeln, Salzgurken und rote Bete werden zu einem Brei verarbeitet und mit Angostura und Worcester-soße abgeschmeckt. Das Ganze wird mit einem Spiegelei dekoriert

Matjes – zarter, noch junger Hering, der gesalzen und in Fässern eingelegt wird. Es gibt zahlreiche Zubereitungsvariationen

Mockturtle-Suppe – ähnlich wie Aalsuppe. Schildkröte *(turtle)* ist nicht drin, sondern Kalbskopf, Schinken und Rindfleisch. Die Kunst heißt: so tun, als ob *(to mock)*

Klöben – Rosinenweißbrot, mit Butter oder Marmelade zum Tee oder Kaffee

Rote Grütze – Kaltschale aus roten und schwarzen Johannisbeeren, Himbeeren und Kirschen. Die *Rode Grütt* wird als Dessert mit Milch, Vanillesoße oder Sahne gegessen

Scharben – Stockfisch nach Blankeneser Art, das heißt, auf der Wäscheleine getrocknet (früher zumindest)

Stint – unscheinbarer Fisch (»bloß'n lütten Stint«), der zur Laichablage im Frühjahr die Elbmündung heraufwandert. Wird inzwischen wieder in größeren Mengen gefangen. Beim Braten entwickelt der Stint einen Geruch, den man mit »gurkenartig« umschreiben könnte

Stubenküken – Junges Huhn, das früher in der geheizten Stube gehalten wurde. Noch vor der Geschlechtsreife wird ihm der Garaus bereitet – sehr zart

Mitnehmen. Das heißt jetzt natürlich ganz modern: Fish and Chips. *Geöffnet wie die Geschäfte, Spitalerstr. 12, Tel. 32 52 58 15, S- und U-Bahn Hauptbahnhof*

L'Espresso Bar [122 C2]

🏃 Alteingesessener Italiener an der Uni. Eng, laut und vermutlich deshalb immer voll. *Mo geschl., Grindelhof 45, Tel. 44 79 89, Metrobus 4 und 5, Grindelhof*

Fischerhaus [122 A5]

Nur einen Katzensprung vom Fischmarkt entfernt bietet das traditionsreiche Fischerhaus Fischgerichte der einfachen, aber sehr reellen Art. Beliebt bei Hamburgern wie Touristen gleichermaßen. *Tgl., St. Pauli Fischmarkt 14, Tel. 31 40 53, Bus 112, Hafentreppe*

Fischkajüte [122 B6]

Auf den Landungsbrücken mit dem Hafenwasser zu Füßen und dem Blick auf Kräne und Containerschiffe. Viele Touristen, aber das macht nichts. *Tgl. bis 20 Uhr, Brücke 5, Tel. 31 41 62, S 1 und 3, U 3, Landungsbrücken*

Rudolph Mal-Eben [118 B3]

Bernd Rudolph ist Weinhändler, Ringelnatz-Zitator und Bratkartoffelchef in einem. Für alle »echten« Blankeneser das einzig Wahre! *Mo–Fr ab 17 Uhr, Sa/So geschl., Blankeneser Landstr. 29, Tel. 86 66 30 18, S 1, Blankenese*

Sausalitos [109 E5]

🏃 Nix für ein ruhiges Abendessen, hier ist immer die Hölle los. Zu Salsamusik isst man Tapas und Tortillas und trinkt dazu riesige Jumbo-Cocktails, oft zu Happy-hour-Preisen. Do ab 17 Uhr After-Work-Party. *So geschl., Fischertwiete 2, Tel. 33 39 51 20, U 1, Messberg*

Südhang [122 A3]

🏃 Kleines, junges Restaurant im Schanzenviertel. Es gibt Tapas und Salate an Holztischen, im Erdgeschoss Schuhe und Wein im offenen Verkauf. *So geschl., Susannenstr. 29, Tel. 43 09 90 99, S- und U-Bahn Sternschanze*

Tassajara [114 C5]

Nix für Fleischfreunde, hier wird vegetarisch gekocht und aus biologischem Anbau. Leicht und lecker. *Tgl., Eppendorfer Landstr. 4, Tel. 48 38 01, Bus 114, Haynstraße*

Ti Breizh [108 C6]

Crêpes und Cidre werden auf dem Ponton am Nikolaifleet serviert, und Ihren bretonischen Wollpulli kaufen Sie im angeschlossenen Kleidungs- und Accessoiregeschäft im »Haus der Bretagne«. *So abends und Mo geschl., Deichstr. 39, Tel. 37 51 78 15, U 3, Rödingsmarkt*

TH2 [115 E5]

Schnieker, in weiß gehaltener Szenetreff in Winterhude. Der Name stammt von den beiden Besitzern: zweimal Thorsten. Spezialitäten sind Kuchen und vor allem auch Frühstück. *Mo–Fr 8–20, Sa 9–18, So 10–18 Uhr, Mühlenkamp 59, Tel. 27 88 00 88, Metrobus 6, Goldbekplatz*

Zum Steckelhörn [109 D6]

Viel frequentierter Mittagstreff für Hamburger Kaufleute aus der gegenüberliegenden Speicherstadt. *Mo–Fr nur mittags, Tel. 36 65 60, Steckelhörn 12, U 1, Messberg*

Von edel bis schrill

Ein Hamburg-Besuch ohne Einkaufsbummel? Wäre schade, denn Sie würden einiges versäumen. Selbst Regenwetter ist kein Hinderungsgrund

In Hamburg kann man auch bei miserablem Wetter stundenlang Schaufenster betrachten. Wie ein Spinnennetz durchziehen Passagen die Innenstadt. Sie wurden seit Ende der 1970er-Jahre errichtet und von Mal zu Mal prächtiger. An verregneten Wochenenden herrscht bisweilen ein beängstigender Andrang. Allerdings schlendern neun von zehn Besuchern nur so durch die überdachten Konsummeilen, ohne etwas zu kaufen – sehr zum Leidwesen der Geschäftsinhaber.

Was gefällt, hat keinen Preis

Karstadt an der Mönckebergstraße und das Alsterhaus am Jungfernstieg sind die größten Kaufhäuser in der City, wobei gilt: Zwischen Rathaus und Hauptbahnhof geht es weniger aufwändig zu. Junge Kundschaft zieht es in Modekettenläden wie Miss Sixty oder ins trendige Schuhhaus Görtz. Richtung Jungfernstieg wird's luxuriöser und teurer. Dort reihen sich die Luxusläden: Burberry's, Hermès, Cartier, Versace, Hugo Boss und natürlich Hamburgs Lokalmatadorin Jil Sander.

Fazit: Teuer einkaufen ist hier kein Problem. Schon der Mailänder Schriftsteller Giorgio Manganelli, der, was Einkaufen betrifft, zu Hause auch nicht darben musste, war

Hier sind Läden nicht einfach Läden, sondern Konsumtempel

ganz erschlagen, als er die Hansestadt besuchte: »In einer Stadt, die im Wesentlichen aus Geschäften besteht, müsste ein Kaufhausdenkmal errichtet werden, etwas, das eine Akropolis, einen Tempel darstellt und der Freude am Kaufen gewidmet ist.« Doch Hamburg besteht nicht nur aus der City. Jeder Stadtteil besitzt ein eigenes Einkaufsviertel, wo Shoppen auch Spaß macht.

In der Innenstadt haben die Kaufhäuser auch am Samstag bis 20 Uhr auf, kleinere Läden schließen oft früher. Auch in den Stadtvierteln gibt es keine Regel: mal bis 18 oder 19, samstags meist nur bis 14 Uhr. Recht gut (bis ca. 21 Uhr) einkaufen kann man im edel renovierten Dammtorbahnhof. Noch ein Tipp, wenn Sie in der Vorweihnachtszeit einkaufen: Kinder werden am Anleger Jungfernstieg auf den Alsterschiffen betreut.

ANTIQUITÄTEN

Antik-Center [109 F5]
Im Keller der alten Markthalle wird Trödel, aber auch Hochwertiges an den Mann gebracht. *Di–Fr 12–18, Sa 10–16 Uhr, Klosterwall 9–21, S- und U-Bahn Hauptbahnhof*

Auktionshaus Schopmann [109 E5]
Das älteste Auktionshaus Deutschlands – gediegen! *Speersort 1, S- und U-Bahn Jungfernstieg*

BÜCHER

Cohen+Dobernigg [122 B4]
Junger Buchladen im Schanzenviertel. Hin und wieder tolle Lesungen mit viel Stimmung. *Sternstr. 4, U 3, Feldstraße*

Dr. Götze Land + Karte [109 E4]
Deutschlands größter Spezialist für Reiseliteratur, Länderkunde und Karten. *Alstertor 14–16, S- und U-Bahn Jungfernstieg*

Insider Tipp **Hamburger Bücherstube Felix Jud** [108 C4]
In dem ebenso tradionsreichen wie stilvollen Buchladen kommen bibliophile Schöngeister noch auf ihre Kosten. *Neuer Wall 13, S- und U-Bahn Jungfernstieg*

DELIKATESSEN

Andronaco [121 D2]
Haben Sie schon mal 400 Nudelsorten auf einen Blick gesehen? In dem gigantischen italienischen Supermarkt gibt es nicht nur eine Riesenauswahl, sondern auch ein **Insider Tipp** günstiges Bistro. *Beerenweg 24–26, Metrobus 2, 3, Bornkampsweg*

Bonbon Pingel [114 C6] **Insi Tipp**
Nostalgie pur kommt bei jedem auf, der sich auf dem Isemarkt bei Händler Pingel in die Warteschlange reiht: Probekosten der selbst gemachten Bonbons, Pralinen und Lakritzen gehört bei Pingels dazu. *Di, Fr 9–14 Uhr auf dem Isemarkt, Isestraße, U 3, Eppendorfer Baum*

Frischeparadies Goedeken [121 E5]
Großer Frischemarkt direkt an der Elbe mit einer Riesenauswahl an allem, was gut und teuer ist. Vor allem Fisch natürlich! Mittagsimbiss. *Mo–Fr 8–19, Sa 8–15 Uhr, Große Elbstr. 210, Bus 383, Sandberg*

Kaffeerösterei Burg [114 B6]
100 Sorten Kaffee und eigene Röstmaschinen. Dazu ein paar Häuser weiter ein kleines Kaffeemuseum. *Eppendorfer Weg 252, Metrobus 5, Eppendorfer Weg (Ost)*

Karsten Hagenah [121 D2]
★ Seit 1892: Fischgroßhandel mit gutem Mittagsimbiss. Frischer (und preiswerter) kann man das Meeresgetier in Hamburg kaum bekommen. Allerdings nur mit dem Auto erreichbar. *Mo–Fr 7–16, Sa 7 bis 11.30 Uhr, Schnackenburgsallee 8*

K. W. Stüdemann [122 A3]
Wunderbarer alter Tee-, Kaffee- und Pralinenladen im Schanzenviertel. Fachfrauliche Beratung. *Schulterblatt 59, Bus 115, Schulterblatt*

Sweet Dreams [114 B6]
Ausgefallene Confiserie vom Feinsten. Köstlich: die heiße Schokolade und der Lemon Curd. *Nur Fr–So, Lehmweg 41, U 3, Eppendorfer Baum*

GESCHENKE, EINRICHTUNG & ACCESSOIRES

A Tavola [108 C4]

Klein, aber fein im Hanseviertel: Hier bekommen Sie nicht nur das schöne Geschirr der Firma Dibbern, sondern auch die dazu passende Tischwäsche. *Hanseviertel, S- und U-Bahn Jungfernstieg*

Cucinaria [114 B6]

Alles für die Küche, in üppiger Ausstattung auf 750 m^2. Sogar ein Bach fließt durchs Geschäft. Mit Kochkursen und der *Cucibar*, und das alles in interessanter Lage an der neuen Falkenried-Piazza. *Straßenbahnring 12, U 3, Hoheluftbrücke*

Freitag [109 F4]

Einziger deutscher Flagshipstore des Schweizer Kultlabels für Taschen aus alten LKW-Planen. *Klosterwall 9, S- und U-Bahn Hauptbahnhof*

Glasgalerie [115 E6]

Ein Traum für jeden Freund von farbigen Glasvasen, Schüsseln, Ringen und vielem mehr. *Gertigsstr. 1, Metrobus 6 und 25, Gertigstraße*

Hängemattenladen [121 D4–5]

Vom Schwebenetz bis zur Riesentuchhängematte gibt's hier alles, was man so zum Abhängen braucht. Und falls das nichts ist: Hier, mitten in Ottensen, gibt's viele andere nette Läden. *Bei der Reitbahn 2, Bus- und S-Bahnhof Altona*

Kaufrausch [114 C5]

Kult in Eppendorf: Fundgrube für originelle Accessoires und witzige Klamotten. *Isestr. 74, U 3, Eppendorfer Baum*

Konus [121 D4]

Schöne Dinge zum Verschenken oder Behalten. Gutes Preis-Leistungs-Verhältnis! *Bahrenfelder Str. 59, Bus und S-Bahnhof Altona*

Stilwerk [121 F5]

★ Die ehemalige Mälzerei beherbergt heute Designerläden über sieben Stockwerke. Genau das Richtige, um bei schlechtem Wetter eine

---

MARCO POLO Highlights »Einkaufen«

★ **Stilwerk**
Ein Haus voller Designläden am Elbufer (Seite 61)

★ **Globetrotter**
Superadresse für Outdoorfreaks in Barmbek am Museumsufer (Seite 64)

★ **Herr von Eden**
Na bitte, auch Männermode kann trendy sein (Seite 64)

★ **Isemarkt**
Der längste Wochenmarkt in Deutschland (Seite 63)

★ **Fischmarkt**
Jeden Sonntag Volksfest und Schnäppchenjagd (Seite 62)

★ **Karsten Hagenah**
Frischer Fisch zum Mitnehmen oder gleich zum dort Essen (Seite 60)

Kaffeekanne von Alessi oder eine schicke Leuchte des Hamburger Lampen-Matadors Tobias Grau zu kaufen. Seinen <mark>Exklusivladen</mark> finden Sie im Erdgeschoss. *Große Elbstr. 68, Bus 383, Fischauktionshalle*

Wäscherei [116 A5]
Trendiges Möbelhaus, auch Kleinkram (Geschirr, Küchengeräte etc.); mit Klamottenladen »Klementine«. Es werden sogar Parties gefeiert. *Jarrestr. 58, U 3, Saarlandstraße*

MÄRKTE & FLOHMÄRKTE

Fischmarkt [121 F5–6]
★ Ein Muss für jeden Hamburgtouristen, am besten gleich an den Kneipenbummel anschließen. Jeden Sonntag früh (im Sommer ab 5, im Winter ab 7 Uhr) bis halb zehn

(dann ist es für die richtigen Schnäppchen aber schon zu spät). Aale, Bananen und Grünpflanzen werden gern auch als Wurfgeschosse benutzt. Fisch gibt es übrigens auch noch zu kaufen – wenn man im Gedrängel durchkommt. *St. Pauli-Fischmarkt/Große Elbstraße, Bus 112, Hafentreppe; S 1 und 3, U 3, Landungsbrücken*

Flohmärkte
An jedem Wochenende gibt's einen irgendwo in der Stadt – häufig Ramsch, manchmal Raritäten. Riesig ist der Flohmarkt auf dem DB-Gelände in Barmbek *(Hellbrookstr. 5, Sa 7–16 Uhr)*, etwas gemütlicher der »Flohcampus« an der Uni, teilweise überdacht *(Sa 9–16 Uhr, Van-Melle-Park)*. Infos über andere Standorte: *Tel. 31 40 71, 531 50 51*

Auf dem Fischmarkt wird der Verkaufswagen zur Bühne

Wochenmärkte

Davon gibt es eine ganze Reihe – schließlich liegt das Alte Land, Europas größter Obst- und Gemüsegarten, vor der Tür. Stilbildend wirkt ein Besuch in *Blankenese (Fr 9–18, Di, Sa 7–13 Uhr):* Es dominieren Einkaufskorb tragende Väter; die Damen tragen vorzugsweise Perlenkette und Twinset, dazu blonde Kinder mit blondem Hund. Etwas weniger pompös und netter geht es am *Goldbekufer* in Winterhude zu *(Di, Do, Sa 9–13).* Unbestritten die Nummer eins ist der ★ *Isemarkt* unter der U-Bahn in der Eppendorfer Isestraße *(Di, Fr 9–14 Uhr).* Was es hier an Gemüse nicht zu kaufen gibt, gibt es nirgends. Gefahr droht von Müttern mit Kinderwagen und Omas mit Einkaufsrollern.

MEER & TROPEN

Binikowski   **[114 C4]**
Wenn es denn ein Buddelschiff sein muss: Hier gibt's die größte Auswahl. Interessante Website: *www.buddel.de. Lokstedter Weg 68, Metrobus 22, Tarpenbekstraße*

Ernst Brendler   **[109 D4]**
Traditionsgeschäft seit 125 Jahren: von der maßgeschneiderten Kapitänsuniform bis zum Tropenanzug. Als Mitbringsel: bemalte Straußeneier. *Große Johannisstr. 15, U 3, Rathausmarkt*

HanseNautic   **[108 B5]**
Alle Seekarten dieser Welt. *Herrengraben 31, U 3, Rödingsmarkt*

Harry's Hamburger Hafen Bazar   **[122 A5]**
Sammelsurium aus fernen Ländern, halb Museum, halb Laden. Seit Harrys Tod von der Tochter weitergeführt. *Erichstr. 56, Di–So 10–18 Uhr; Eintritt 2,50 Euro, Tel. 31 24 82, S 1 und 3, Reeperbahn*

A. W. Niemeyer   **[121 D2]**
Riesiges Wassersportzentrum, etwas außerhalb, und daher nur mit dem Auto erreichbar. Aber dafür gibt es vom Schäkel bis zum Schlauchboot alles, was den Wassernarren freut. *Holstenkamp 58*

MODE – EDEL

Anita Hass   **[114 C5]**
Blue Blood, Prada-Sport, Miu Miu, Stella McCartney, Celine und andere feine Marken. *Eppendorfer Landstr. 60, U 1 und 3, Kellinghusenstraße*

Petra Teufel   **[109 D4]**
Teure Fummel von Miyake, van Noten, Dior u. a. *Neuer Wall 43, S- und U-Bahn Jungfernstieg*

Secondella   **[108 C4]**
Designerlabels für Sie und Ihn, gut gepflegt aus zweiter Hand. *Hohe Bleichen 5, S 1, 3, Stadthausbrücke*

Thomas i-Punkt   **[109 E4]**
Spezialadresse für Ausgefallenes im japanischen Edel-Schlabberlook. Nette Kaffeelounge im schilfbegrünten Wintergarten im 3. Stock. *Mönckebergstr. 21, Gänsemarkt 24, S- und U-Bahn Jungfernstieg*

Insider Tipp

MODE – HERREN

Ladage & Oelke   **[109 D4]**
Der Klassiker unter den Hamburger Herrenausstattern; konservativer geht's kaum. *Neuer Wall 11, S- und U-Bahn Jungfernstieg*

Policke [123 F4]

Anzüge auf mehren Etagen, nicht edel, sondern zweckmäßig und preiswert. *Böckmannstr. 1a, S- und U-Bahn Hauptbahnhof*

Staben [109 D4]

Schon Opa kaufte hier. Maßanfertigungen auf hanseatisch-klassischem Niveau. *Am Rathausmarkt 5, S- und U-Bahn Jungfernstieg*

MODE – TRENDY

Angelos [122 A2]

Genau das Richtige für jeden, der schick, aber nicht gestylt sein will. Eigenes Label für Strickwaren. *Weidenstieg 11, U 2, Christuskirche*

Elternhaus [108 A2]

»Gewaltfrei durchboxen« steht auf dem T-Shirt; der ganze Laden ist ein Politprogramm. *Marktstr. 46, U 3, Feldstraße*

Garnhuis [121 D4]

Schönes aus Wolle und Seide, und zum Selbermachen dazu die Stoffe und Garne. *Ottensener Hauptstr. 26, Bus- und S-Bahnhof Altona*

Herr von Eden [122 B4]

★ *Der* Szenetreffpunkt für Herren mit Gespür für Modetrends. Dazu gibt's fachkundige Beratung. *Mo–Fr 12–20, Sa 11–18 Uhr, Marktstr. 33, U 3, Feldstraße*

Kadir Demir [122 C2]

Eigenes Label, witzige Accessoires, mit kleiner Kunstgalerie. *Bornstr. 22, Metrobus 4 und 5, Grindelhof*

Insider Tipp Werkhaus [121 E5]

Schicke Mode an der Elbe. Da das Geschäft an der »Touristenmeile«

liegt, hat es fast immer geöffnet. *Fr/Sa bis 24, So ab 10 Uhr, Große Elbstr. 146, Bus 383, Sandberg*

SPEZIALGESCHÄFTE

Bethge [114 C6]

Handgeschöpftes Bütten, blassgraue Tinte – alles rund ums Papier, sehr edel! *Eppendorfer Baum 1, U 1, Klosterstern*

Condomerie Hamburg [122 A5]

Strategisch geschickt auf dem Kiez angesiedelt. Bietet Überzieher in den Geschmacksrichtungen Banane bis Lakritz, essbare Tangas und Ähnliches mehr. *Spielbudenplatz 18, U 3, St. Pauli*

Fahnen Fleck [109 D4]

Abends auf einer Faschingsparty eingeladen und noch kein richtiges Outfit? Hier gibt's alles, einschließlich Feuerwerk, Vereinspokal und dem Michael-Schumacher-Ferrari-Anzug für die Kleinen. *Neuer Wall 57, S- und U-Bahn Jungfernstieg*

Globetrotter [116 B5]

★ Kauftempel für den Outdoorfreak. Mit begehbarer Kühlbox bis minus 20 Grad zum Testen des Schlafsacks. Für viele Hamburger ist schon der Laden direkt neben dem Museum der Arbeit das Ausflugsziel. *Wiesendamm 1, S 1, U 2 und 3, Barmbek*

Meister Parfümerie [114 C6]

Kein typisches Mitbringsel aus Hamburg, aber vielleicht deshalb umso besser: seltene Parfüms, direkt aus Frankreich importiert. Der wirklich schöne Laden befindet sich seit 1888 in Familienbesitz. *Eppendorfer Baum 12, U 1, Klosterstern*

Modellbahnkiste [123 E4]
Vater oder Sohn: Hier werden beide glücklich. Von Spur 2 bis Z alles für den Modellbahnfreund. Etwas versteckt im Souterrain. *Kirchenallee 25, S- und U-Bahn Hauptbahnhof*

Pappnase & Co [122 C2]
Jonglierkeulen, falsche Wimpern, Handpuppen, internationale Comics: all das und mehr. *Grindelallee 92, Metrobus 4 und 5, Grindelhof*

SE – Secret Emotions [121 D4]
Wellness zum Kaufen, z. B. Venus-Öl oder Sensatonic-Water. Steine, Feng-Shui-Tipps und Schmuck – was man eben braucht, um sich wohlzufühlen. *Bahrenfelder Str. 159, Bus- und S-Bahnhof Altona*

Stegmann [109 D4]
Einziges Hamburger Fachgeschäft für Knöpfe, Schals und andere Accessoires, und das schon seit 1821. *Jungfernstieg 46, U 2, Gänsemarkt*

Steiff-Galerie [109 F4]
Einmal einen Riesenbären mit Knopf im Ohr besitzen: Welches Kind träumt nicht davon? *Möncke-bergstr. 7 (im Levantehaus), S- und U-Bahn Hauptbahnhof*

Werkstatt für Eigensinniges [114 C4]
Michael Pflüger tüftelt und schafft die erstaunlichsten Dinge aus Stahl, Blech und Messing. Von der Streitmaschine bis zum Kugelschreiber. *Mo–Fr 13–18, Sa 10–13 Uhr, Eppendorfer Landstr. 125, Metrobus 20 und 22, Eppendorfer Markt*

Wolkenstürmer [122 A1]
Drachen über Drachen, von einfach bis Hightech, die wichtigste Adresse für Drachenfans in Deutschland. Im Sortiment das ideale Mitbringsel: Windräder. *Osterstr. 20, Metrobus 4, Schulweg*

STILBERATUNG

First Floor [108 C4]
In ihrem *Department Store* bieten Ulla Maass und ihr Team Typberatung. Hier gibt's auch die richtigen Accessoires und zur Stärkung einen Espresso (ca. 50 Euro/Std.). *Neuer Wall 57, 1. Stock, Tel. 30 06 970, S- und U-Bahn Jungfernstieg*

Das geht unter die Haut

Keine Angst vor Piercing und Tattoos

Zugegeben, es ist nicht jedermanns Sache, aber ausgefallen ist es nun längst nicht mehr. So ein hübscher, kleiner Ring ziert manches Gruftibäuchlein, im Sommer zeigen sogar Bankangestellte ihr Tattoo auf der Schulter. Bei *Painless Tattoo* – auf dem Kiez, dennoch für höhere Töchter ungefährlich – kostet ein einfaches Piercing oder Tattoo ab 50 Euro (*Silbersackstr. 11, Tel. 31 55 48, Mo 12–19, Di–Sa 12–22 Uhr*). Bekannt für »gehobene« Kunst am Körper ist die *Freie Manufaktur* (*Beim Grünen Jäger 25, Tel. 439 18 39, Mo 15–20, Di–Fr ab 12, Sa 12–18 Uhr*).

Himmelbett oder Hängematte

Neben den Häusern der bekannten Hotelketten gibt es in Hamburg viele gute Hotels mit eigenem Flair

Dass Hamburg eine Großstadt ist, merkt man vor allem auch an den Hotelpreisen. Wer etwas höhere Ansprüche stellt, bekommt unter 100 Euro kaum etwas geboten. Leicht kann es auch das Doppelte oder gar Dreifache werden, und ständig kommen neue Hotels hinzu – vom preisgünstigen Gasthaus bis zur Luxusherberge à la *Side Hotel* und *Royal Méridien*.

Ein Plus für Hamburg: eine Reihe sehr persönlich geführter Hotels mit viel Charme, zu finden in fast allen Stadtteilen und Ausstattungen. Daneben gibt es die Häuser fast aller großen Ketten, ob sie nun Marriott oder Ibis heißen, Novotel, Best Western, Holiday Inn, Etap oder Astron. Internetfreunde finden übrigens in sehr vielen Hotels mittlerweile einen Anschluss auf dem Zimmer. Ein Tipp: die oft sehr günstigen Pauschalangebote, die von der Hamburger Touristinformation unter dem Titel »Happy Hamburg« angeboten werden. Fast alle Hotels bieten zudem am Wochenende günstigere Pauschalen.

Die schönsten Zimmer im Hotel Atlantic bieten den Blick auf die Alster

Herberge mit Stil – das Abtei

HOTELS €€€

Abtei [115 D6]
★ Exklusives, kleines, mit vielen Antiquitäten bestücktes Hotel an der Außenalster. Im Haus gibt's ein hoch gerühmtes Restaurant (allerdings mit nur wenigen Plätzen). *11 Zi., Abteistr. 14, Tel. 44 29 05, Fax 44 98 20, www.abtei-hotel.de, U 1, Klosterstern*

Europäischer Hof [109 F3]
Großes Haus mit Tradition am Hauptbahnhof. Genial: die 150 m lange Wasserrutsche (nur für Hausgäste). Der Zimmerausweis gilt drei Tage lang als Fahrschein für Bus und Bahn; sogar eine Hafenrundfahrt ist inklusive. *320 Zi., Kirchenallee 45, Tel. 24 82 48, Fax 24 82 47 99, www.europaeischer-hof.de, S- und U-Bahn Hauptbahnhof*

Insider Tipp

60er-Jahre-Revival im Hotel Side

Garden Hotels [123 D2]
Schöne Lage im Nobel-Stadtteil Pöseldorf (verteilt auf mehrere Stadtvillen). Boutiquen liegen gleich um die Ecke, die Außenalster sowieso. *59 Zi., Magdalenenstr. 60, Tel. 41 40 40, Fax 414 04 20, www. garden-hotels.de, U 1, Hallerstraße*

Gastwerk-Hotel [121 D3]
★ Aus einem alten Industriebau entstand ein modernes Hotel. Mit Geschmack, ohne Schnickschnack, eins der schönsten Häuser in der Stadt. *141 Zi., Beim alten Gaswerk 3, Tel. 89 06 20, Fax 890 62 20, www.gastwerk-hotel.de, Metrobus 2 und 3, Bornkampsweg*

Grand Elysée [109 D1]
Alles riesig, neu und schön: Wellnessanlage, Festsaal, doppelt so viele Zimmer – aus dem alten *Elysée* wurde das *Grand Elysée*. Liegt aber immer noch beim Dammtorbahnhof und in der Nähe der Messe. *511 Zi., Rothenbaumchaussee 10, Tel. 41 41 20, Fax 41 41 27 33, www.elysee.de, S 21, 31, Dammtor*

Inter-Continental [123 D3]
Direkt an der Alster, dementsprechender Blick vom Dachrestaurant. Beim Tennisturnier am Rothenbaum ist dies Haus die bevorzugte Unterkunft der Aktiven. . *281 Zi., Fontenay 10, Tel. 414 20, Fax 41 42 22 99, www.hamburg.inter continental.com, S 21 und 31, Dammtor*

Lindtner [126 C4]
Großzügig und im Grünen, viel Kunst an den Wänden. Harburgs Alternative zu Hamburgs Spitzenhotels. *115 Zi., Heimfelder Str. 123, Tel. 79 00 90, Fax 79 00 94 82, www.lindtner.com, S 3 und 31, Heimfeld*

Renaissance Hotel [108 C4]
Hinter der von Fritz Höger geschaffenen Klinkerfassade arbeiteten einst Drucker. Heute finden Sie hier die großzügigen Zimmer eines dezent-luxuriösen Stadthotels. *205 Zi., Große Bleichen, Tel. 34 91 80, Fax 34 91 89 19, www.renaissan cehotels.com, S 1 und 3, Stadthausbrücke*

Side [108 C3]
Hot Spot in the City. Mit knallroten Ledersesseln in der Bar und einer Lichtinstallation von Robert Wilson. Hamburgs Designfreunde sind begeistert – das Interieur bis hin zu den WCs die reinste Augenweide. *178 Zi., Drehbahn 49, Tel. 30 99 90, Fax 30 99 93 99, www.*

side-hamburg.de, S 21 und 31, Dammtor; U 1, Stephansplatz

Steigenberger Hamburg [108 C5]

Das Haus liegt zentral und idyllisch auf einer Fleetinsel und hat sogar einen eigenen Schiffsanleger. Dazu gibt es das hervorragende Restaurant *Calla* mit euro-asiatischen Spezialitäten. Einmalig: eine Privatklinik befindet sich direkt nebenan. *233 Zi., Heiligengeistbrücke 4, Tel. 36 80 60, Fax 36 80 67 77, www. hamburg.steigenberger.de, S 1 und 3, Stadthausbrücke*

Strandhotel Blankenese [118 B4]

★ ☀ Die Preise haben Cityniveau, obwohl das weiß getünchte Haus weit draußen an der Elbe liegt – mit großartigem Blick auf dieselbe. Das Turmzimmer wird gern von Hochzeitspärchen belegt. *16 Zi., Strandweg 13, Tel. 86 13 44, Fax 86 49 36, www.strand-hotel.de, Schnellbus 48, Landungsbrücke*

HOTELS €€

Alte Wache [123 E4]

Zentrale Lage am Hauptbahnhof, gediegen und solide. *100 Zi., Adenauerallee 21, Tel. 284 06 60, Fax 280 17 54, www.hotel-alte-wache. de, S- und U-Bahn Hauptbahnhof*

Baseler Hof [109 D2]

Ein Haus des Verbandes Christlicher Hotels (VCH) – das prägt den Stil: freundlich, persönlich. Unweit von Oper und Alster. *168 Zi., Esplanade 11, Tel. 35 90 60, Fax 35 90 69 18, www.baselerhof.de, S 21 und 31, Dammtor*

Clipper Elblodge [121 F5]

Boardinghouse heißt es schön neudeutsch und meint »Wohnen auf Zeit«. Sehr komfortabel, ein paar Suiten haben auch einen tollen Blick auf die Elbe. Auf Wunsch mit vollem Service. *57 Suiten, Carsten-Rehder-Str. 71 , Tel. 80 90 10, Fax 80 90 19 99, www.clipper-hotels. de, Bus 383, Sandberg*

MARCO POLO Highlights »Übernachten«

★ **Gastwerk-Hotel**
Eines der schönsten Häuser der Stadt (Seite 68)

★ **Raffles Hotel Vier Jahreszeiten**
Tradition, Luxus, Moderne – perfekte Symbiose (Seite 70)

★ **Hotel Hafen Hamburg**
Weiter Blick über den Hafen (Seite 71)

★ **Abtei**
Edel, intim, ruhig (Seite 67)

★ **YoHo**
Originelles Hotelkonzept für alle Altersklassen in einer Jugendstilvilla (Seite 74)

★ **Strandhotel Blankenese**
Strandschlösschen mit Elbblick (Seite 69)

Hamburger Luxushotels

Atlantic Kempinski [109 F2]

Grandhotel der alten Klasse, auch wenn's eigentlich auf der »falschen« Alsterseite liegt. Dafür sieht es von der anderen Seite, vor allem abends im Scheinwerferlicht, umso imposanter aus. Küche, Service und Ausstattung sind erstklassig, ebenso wie die verschiedenen Restaurants und Bars im Haus. *252 Zi., DZ 270–470, Suiten 500–3900 Euro, An der Alster 72–79, Tel. 288 80, Fax 24 71 29, www.kempinski.atlantic. de, S- und U-Bahn Hauptbahnhof*

Dorint Sofitel [108 C5]

Kaum zu glauben, was man aus einem ollen Postamt alles machen kann. Wo einst Büromief herrschte, dominiert heute kühle Eleganz. In den Kingsizebetten schläft sich's am besten mit Blick zum Fleet. *241 Zi., DZ 165–220, Suiten 230 bis 1600 Euro, Alter Wall 40, Tel. 36 95 00, Fax 369 50 10 00, www. sofitel.de, U 3, Rödingsmarkt*

Louis C. Jacob [119 E5]

Eine Hamburger Legende an der Elbchaussee mit der von Max Liebermann gemalten Terrasse mit den Lindenbäumen und ihrem einmaligen Elbblick. Wer in Hamburg etwas auf sich hält, lädt hier zum Hochzeitsempfang: Die Nienstedtener Kirche, ein stilgerechter Fachwerkbau, liegt direkt gegenüber. *85 Zi., DZ 245–475, Suiten 365 bis 1185 Euro, Elbchaussee 401–403, Tel. 82 25 50, Fax 82 25 54 44, www.hotel-jacob.de, Bus 36, Sieberlingstraße*

Park Hyatt [109 F4]

Amerikanischer Luxus und erstklassiger Service in der Bar und dem Restaurant *Apples*. Ein angenehmer Treffpunkt mitten in der City. Wer länger in der Stadt bleiben will: Es gibt auch 30 Apartments. *252 Zi., DZ 180–245 Euro, Suiten 305–2545 Euro, Bugenhagenstr. 8–10, Tel. 33 32 12 34, Fax 33 32 12 35, www.hamburg.park.hyatt.com, S- und U-Bahn Hauptbahnhof*

Raffles Hotel Vier Jahreszeiten [109 D3]

★ Eines der besten Hotels der Welt. Hier atmet alles Tradition: vom Antikstühlchen im Fahrstuhl bis zum täglichen Afternoon Tea in der Wohnhalle mit Kaminfeuer. Im traditionsreichen Hauscafé *Condi* wird Mo–Sa ab 6.15 und So ab 7.15 Uhr ein kultiviertes Frühstück serviert. *156 Zi., DZ 295–340, Suiten 380–4000 Euro, Neuer Jungfernstieg 9–14, Tel. 349 40, Fax 34 94 26 00, www.raffles-hvj.de, S- und U-Bahn Jungfernstieg*

Le Royal Méridien [123 E5]

⬇ Luxushotel mit Weltstadtflair. Der Blick vom Restaurant toppt alles. Am besten, Sie kommen mit Ihrer kompletten Firma, denn die Konferenzsäle unterm Dach suchen in Hamburg ihresgleichen. Es gibt einen gläsernen Außenaufzug zum Restaurant. *284 Zi., DZ 399–459 Euro, Suiten 599–1099 Euro, An der Alster 52–56, Tel. 210 00, Fax 21 00 11 11, www.lemeridien.com, Metrobus 6, Gurlittstraße*

East [122 A5]

Eine echte Geschmacksfrage: Das Bett steht mitten im Zimmer, eine Tür zum Bad fehlt. Auf jeden Fall ein Haus für Designfreunde. Von der Lampe bis zum Aschenbecher – alles Sonderanfertigungen aus den USA. *127 Zi., Simon-von-Utrecht-Str. 31, Tel. 30 99 30, Fax 30 99 32 00, www.east-hamburg. de, U 3, St. Pauli*

Engel [114 A3]

Das etwas abseits gelegene Hotel wird besonders von Geschäftsleuten mit Begeisterung weiterempfohlen. *95 Zi., Niendorfer Str. 55–59, Tel. 55 42 60, Fax 55 42 65 00, www.hotel-engel-hamburg.de, U 2, Hagendeel*

Hotel Hafen Hamburg [122 B5]

★ ☀ Traditionsreiches Haus gegenüber den Landungsbrücken mit spektakulärer Aussicht auf den Hafen. Auch für Nicht-Hotelgäste genial: die *Tower-Bar* (tgl. ab 18 Uhr) im 11. Stock. *353 Zi., Seewartenstr. 9, Tel. 31 11 30, Fax 31 11 37 55, www.hotel-hamburg. de, U 3, St. Pauli*

Hotel Heimhude [122 C2]

Gepflegtes Haus mit persönlicher Atmosphäre in einer der schönsten Straßen Hamburgs. Zimmer 16–18 mit Balkon. *23 Zi., Heimhuderstr. 16, Tel. 41 33 30-0, Fax 41 33 30 40, www.hotel-heimhude. de, S 21 und 31, Dammtor*

Landhaus Flottbek [119 F3]

Nomen est omen – stilvolle Zimmer unter Reetdach in historischen Gemäuern. Idyllisch gelegen, mit Feinschmeckerrestaurant. *25 Zi., Baron-Voght-Str. 179, Tel. 822 74 10, Fax 82 27 41 51, www.landhaus-flottbek.de, Schnellbus 37, Flottbeker Kirche*

Marriott Hotel Treudelberg Golf und Country Club Hamburg [127 D2]

Es gibt auch ein Marriott in der City. Dieses Marriott aber liegt außerhalb, ca. 30 Min. mit dem Auto, im wunderschönen Alstertal – eingebettet in die Natur und umgeben von einem 18-Loch-Golfplatz. *135 Zi., Lemsahler Landstr. 45, Tel. 60 82 20, Fax 60 82 24 44, www.treudelberg.com*

Hotel Mercure an der Messe [122 B2]

Zentral gelegenes Haus direkt an der Messe, sachlich, modern, funktional. Doch die Lage hat ihren

Feiner Blick auf Landungsbrücken, Hafen, Elbe: Hotel Hafen Hamburg

Licht durch Reispapier gefiltert und weiche Grasmatten: Nippon Hotel

Preis: Blick auf Autos und Messe-Baustelle. *180 Zi., Schröderstiftstr. 3, Tel. 45 06 90, Fax 450 69 10 00, Metrobus 4 und 5, Grindelhof*

Nippon Hotel Hamburg   [123 F2]
Japan in der Hansestadt. Aber keine Angst, niemand muss auf dem Boden schlafen. Alle Betten haben bequeme Matratzen. Im Haus auch ein gutes japanisches Restaurant. *42 Zi., Hofweg 75, Tel. 227 11 40, Fax 22 71 14 90, www.nipponho tel.de, Metrobus 6, Zimmerstraße*

Radisson SAS
Hotel Hamburg   [108 C1]
Hotel am Hamburger Congress-Centrum und am Botanischen Garten. Der Blick aus den oberen Zimmern ist nur was für Schwindelfreie, ganz oben der Nachtclub *Top of Town (Mo–Sa ab 21.30 Uhr). 560 Zi., Marseiller Str. 2, Tel. 350 20, Fax 35 02 35 30, www. hamburg.radissonsas.com, S 21 und 31, Dammtor*

Schaper Apartment   [123 D1]
Ideal für den längeren Aufenthalt: großzügige und komfortable Apartments in drei verschiedenen Häusern in Harvestehude, auf Wunsch mit komplettem Service. *31 Apartments, 1 Suite (Oberstraße), Oberstr. 140, Tel. 41 33 39 00, Fax 41 77 25, www.schaper-apartment. com, Bus 109, Sophienterrasse*

Wedina   [123 E4]
In Hamburgs Literaturhotel gibt es Zimmer, die je einem Autor gewidmet sind. Das Ganze verteilt sich auf vier stilvoll renovierte Stadtvillen in St. Georg. *59 Zi., Gurlittstr. 23, Tel. 280 89 00, Fax 280 38 94, www.wedina.de, Metrobus 6, Gurlittstraße*

HOTELS €

Accor Suite Hotel   [123 F3]
Wohnen im 17. Stock am Ende von St. Georg: 30 m² große Suiten mit Schiebewänden, Kochnische und

Bügelzimmer, kurz: äußerst zweckmäßig. *186 Suiten, Lübeckertordamm 2, Tel. 27 14 00, Fax 27 14 01 40, www.suite-hotel.com, U 1, Lohmühlenstraße*

Cristobal Hotel [115 E6]

Sachliches und klares Privathotel mit freundlichem Service in Winterhude. Die Alster liegt vor der Tür, morgens also ab zum Joggen! *18 Zi., Dorotheenstr. 52, Tel. 357 03 00, Fax 35 70 30 70, www.hotel-cristobal.de, Metrobus 6, 25 Gertigstraße*

Eden [123 E4]

Mitten in St. Georg; einfach, solide. *64 Zi., Ellmenreichstr. 20, Tel. 24 84 80, Fax 24 15 21, www.edenhotel-hamburg.com, S- und U-Bahn Hauptbahnhof*

Das Feuerschiff [108 B6]

Schlafen in den Kojen von Kapitän und Lightsman im ehemaligen Feuerschiff. Jeden Montag *Blue Monday Jam Session* (20.30 Uhr). Zu laut? Die Ohrstöpsel liegen auf dem Kopfkissen. *6 Zi., Im City-Sporthafen, Tel. 36 25 53, Fax 36 25 55, www.das-feuerschiff.de, U 3, Baumwall*

fritzhotel [122 A3]

Funktional, schlicht, schön untergebracht auf einer Hausetage im Trubel am Bahnhof Sternschanze. Kein Frühstück, aber kostenlos Tee und Kaffee auf dem Flur. *17 Zi., Schanzenstr. 101, Tel. 82 22 28 30, Fax 822 22 83 22, www.fritzhotel.com, S 21 und 31, U 3, Sternschanze*

Hotel am Dammtor [122 C3]

🏃 Unten in der Stadtvilla am Campus wohnen Studenten, oben gibt es schöne und individuell gestaltete Zimmer und einen freundlichen

Service. *33 Zi., Schlüterstr. 2, Tel. 450 05 70, Fax 410 63 00, www.hotel-am-dammtor.de, Metrobus 4, 5 Staatsbibliothek*

Hotel Hanseatin [108 B3]

Ein Haus exklusiv für weibliche Kundschaft; mit einem Frauencafé und schöner Gartenterrasse. *13 Zi., Dragonerstall 11, Tel. 34 13 45, Fax 34 58 25, www.hotel-hanseatin.de, Metrobus 3, Johannes-Brahms-Platz*

Junges Hotel [123 E5]

Ein Haus des CVJM, ideal für junge Leute, Familien und Gruppen, Babyausstattung kostenlos. In der Nähe vom Hauptbahnhof. *133 Zi., Kurt-Schumacher-Allee 14, Tel. 41 92 30, Fax 41 92 35 55, www.jungeshotel.de, S- und U-Bahn Hauptbahnhof*

Hotel Königshof [123 E4]

In St. Georg: freundlich, farbenfroh und nicht nur für schwule Männer. Guter Service. *21 Zi., Pulverteich 18, Tel. 284 07 40, Fax 28 40 74 74, www.koenigshof-hamburg.de, S- und U-Bahn Hauptbahnhof*

Motel Hamburg [114 B5]

Liegt ruhig in einem Hinterhof in Eimsbüttel; das Auto steht sicher vor der Tür. *35 Zi., Hoheluftchaussee 117–119, Tel. 420 41 41, Fax 422 99 05, www.hamburg-hotels.de/motel, Metrobus 5, Gärtnerstraße*

Hotel am Rothenbaum [122 C2]

Direkt gegenüber den Tennisplätzen am Rothenbaum hat ein junges Team Leben in ältere Gemäuer gebracht. Einiges wird noch renoviert, anderes ist schon top. *28 Zi.,*

Rothenbaumchaussee 107, Tel. 44 60 06, Fax 44 93 74, www.hotel-am-rothenbaum.de, U 1, Hallerstraße

Galerie Hotel
Sarah Petersen [122 E4]
Kleines Haus in St. Georg. Frühstück am Biedermeiertisch mit Spitzendeckchen, 5 Zimmer bzw. Studios mit Küchenausstattung. *Lange Reihe 50, Tel./Fax 24 98 26, www.galerie-hotel-sarah-petersen.de, S- und U-Bahn Hauptbahnhof*

Schanzenstern [122 A3]
Einfach und gut, mitten im Schanzenviertel. Es gibt auch Mehrbettzimmer, das Bad ist immer auf dem Gang. Eine nette Kneipe liegt im Erdgeschoss. *20 Zi., Bartelsstr. 12, Tel. 439 84 41, Fax 439 34 13, www.schanzenstern.de, S 21 und 31, U 3, Sternschanze*

Seemannsmission [121 F5]
Warum nicht mal etwas ganz anderes? Erwartungsgemäß einfach, preiswert, aber engagiert geführt. Eigene kleine Kirche. An der neuen Hafenmeile. *35 Zi. (auch Dreibettzimmer), Große Elbstr. 132, Tel. 30 62 20, Fax 30 62 218, www.seemannsmission.org, Bus 383, Sandberg*

Hotel St. Annen [122 A4]
Freundliches und persönlich geführtes Haus in einer ruhigen Ecke von St. Pauli. Garage und Terrasse gibt es auch. *36 Zi., Annenstr. 5, Tel. 317 71 30, Fax 31 77 13 13, www.hotelstannen.de, U 3, St. Pauli*

Stadthaushotel [121 F4]
Ein Haus nicht nur für, sondern auch von Behinderten. Sehr persönlicher Service. Man sollte rechtzeitig buchen und sich nicht vom nüchternen Äußeren abschrecken lassen. *13 Zi., Holstenstr. 118, Tel. 389 92 00, Fax 38 99 20 20, www.stadthaushotel.com, Metrobus 20, Bus 115, Max-Brauer-Allee (Mitte)*

Hotel Stephan [121 E5]
Ruhig in Altona gelegen, höchstens die Kirchenglocken könnten sonntags stören. Klein und privat geführt, mit Gartenterrasse. *28 Zi., Schmarjestr. 31, Tel. 389 51 08, Fax 389 51 95, www.hamburg-hotels.de/stephan, Bus 115, Rathaus Altona*

25 h/Twenty Five Hours [120 C3]
Von den Machern des *Gastwerk-Hotels*, ebenfalls in Bahrenfeld. Für alle, die sich hip fühlen: bunt, lässig, mit Riesenbildschirm zum DVD-Gucken im Livingroom. Auch als Partylocation beliebt. *92 Zi. (für Gäste bis 25 werden Restzimmer für 61 Euro abgegeben), Paul-Dessau-Str. 2, Tel. 85 50 70, Fax 85 50 71 00, www.25hours-hotel.de, Metrobus 2 und 3, Bornkampsweg*

Village [123 E4]
Ehemaliges Bordell, fein restauriert, schön plüschig, amüsant. *20 Zi., Steindamm 4, Tel. 480 64 90, Fax 48 06 49 49, www.hotel-village.de, S- und U-Bahn Hauptbahnhof*

YoHo [122 A2]
★ Moderne Architektur in einer Eimsbütteler Jugendstilvilla (Sonderpreise für Gäste unter 26 Jahre). Frühstück gibt es gemeinsam an großer Eichenholztafel. Beliebtes Hotelrestaurant *Mazza* mit syrischer Küche. *30 Zi., Moorkamp 5,*

Tel. 284 19 10, Fax 28 41 91 41,
www.yoho-hamburg.de, U 2, Christuskirche

Hotel York [123 E1]
Die drei Etagen in dem schönen Uhlenhorster Altbau werden vor allem von Musikern und Sängern frequentiert. Ein stimmungsvolles Haus. *12 Zi., Hofweg 19, Tel. 227 14 20, Fax 227 31 19, www.hotel-york.de, Metrobus 6, Averhoffstraße*

CAMPING, JUGEND & KINDER

Auf dem Stintfang [108 A5]
☀ Spitzenblick von der Terrasse auf den Hafen. *370 Betten, bis 26 Jahre ca. 19, Erwachsene ca. 22 Euro (eine zweite Jugendherberge des djh gibt's an der Horner Rennbahn). Alfred-Wegener-Weg 5, Tel. 31 34 88, Fax 31 54 07, www.djh.de, S 1 und 3, U 3, Landungsbrücken*

Bengel & Engel [113 F6]
Hier wohnen nur Kinder (deren Eltern mal eine Nacht allein genießen wollen ...): in gemütlichen Zimmern, liebevoll betreut von freundlichen Damen und Herren. Und wie es sich für ein Kinderhotel gehört, gibt es leckeres Essen und abends Pyjamapartys. *2 Zi., Nachtbetreuung für Kinder von 1 bis 12 Jahren (18–10 Uhr) 49 Euro inkl. Speisen und Getränke, Stellinger Weg 49 a, Tel. 43 17 94 90, Fax 431 79 49 10, www.bengel-engel.de*

Campingplatz Schnelsen-Nord [126 C2]
Mehrfach ausgezeichneter Campingplatz im Grünen, verkehrstechnisch günstig gelegen – und direkt neben Ikea. *April–Ende Okt., Zelt*

ca. 7 Euro, Wohnmobil ab 10 Euro, Wunderbrunnen 2, Tel. 559 42 25, Fax 550 73 34, www.campingplatz-hamburg.de

Carl Paulmann [122 D6]
Im Reisemobil schlafen und aufwachen mit Blick auf Hafencity und Speicherstadt. Sicher kein klassischer Campingplatz, aber echt schräg! Keine Zelte! *Ca. 15 Euro, Poggenmühle 4, Tel. 32 40 56, Fax 32 78 47, www.carlpaulmann.de*

Instant Sleep [122 A3]
Für Backpacker und andere mit schmalem Budget, in angesagter Gegend. Einzel- und Mehrbettzimmer bis 28 Euro; Waschmaschine, Internetzugang. *60 Betten, Max-Brauer-Allee 277, Tel. 43 18 23 10, Fax 43 18 23 11, www.instant sleep.de, Bus 115, Schulterblatt*

PRIVATUNTERKÜNFTE

Bed and Breakfast
Vermittelt Zimmer mit Frühstück. *Tel. 491 56 66, Fax 491 42 12, www.bed-and-breakfast.de*

Bed and Breakfast [122 B1]
Stilvolle Zimmer mit Hochbett in zwei Wohnungen eines ehemaligen Krankenhauses. Sehr zentral, sehr ruhig. Morgens gibt es ein Croissant und einen Kaffee im Flur. *8 Zi., DZ 75 Euro, Beim Schlump 85, Tel. 41 78 71, www.bed-and-breakfasthamburg.de, Metrobus 4, Bus 115, Bundesstraße*

Mitwohnzentralen
Es gibt zahlreiche Angebote für Zimmer und ganze Wohnungen: *Tel. 194 30; 220 71 78; 80 11 30; 194 45; 643 14 34*

In Hamburg sind die Nächte lang

Die Stadt ist ein Dorado für Kneipenliebhaber. Eine Sperrstunde gibt es praktisch nicht

Die schönen Seiten der Großstadt

Da hilft kein pikiertes Hochziehen der Augenbrauen: Der großen Mehrzahl der Touristen fällt zu Hamburgs Nachtleben nicht viel mehr als das Stichwort Reeperbahn ein. Vielleicht zu Recht. Ein derart komprimiertes Nachtleben wie auf dem »Kiez« gibt es wohl nur in Hamburg. Tagsüber wirkt das Viertel eher armselig: eine Welt aus billigen Fassaden, Daddelhallen und bunten Schildern. Nachts im Glitzerlicht aber amüsieren sich Hamburger und Touristen. Die oberen Zehntausend, Punks, bürgerliche Schicki-Mickis, Studenten, Szenegänger, rüde Rocker und unerfahrene Stadtrandbewohner – alle treffen sich in den zahllosen Kneipen. Und manchmal begegnet man sogar noch Alteingesessenen.

Eine Tour durchs nächtliche Hamburg lässt sich einfach planen, denn das Leben ballt sich in wenigen Vierteln: auf St. Pauli, im Schanzenviertel mit seiner Kneipenmeile gegenüber dem alternativen Kulturhaus Rote Flora, in Ottensen und St. Georg. Seit Neuestem lebt auch der Lehmweg in Eppendorf auf. Ein abendlicher Treffpunkt sind – aller-

Auf der Großen Freiheit locken viel versprechende Leuchtreklamen

dings nur bei gutem Wetter – auch die Beach-Clubs, nicht nur die am Elbufer *(s. »Stichworte«)*, sondern auch der *Central Park* an der Max-Brauer-Allee. Gehen Sie einfach los, schauen Sie in die Clubs, die Ihnen gefallen. Das Schöne daran: Clubbing ist finanzierbar; in den kleinen Läden im Schanzenviertel und auf St. Pauli bekommen Sie ein Flaschenbier schon für 2 Euro. Die heißeste Szene findet sich in St. Pauli rund um den Hans-Albers-Platz und am Hamburger Berg. Eine Sperrstunde gibt es in Hamburg praktisch nicht. Am Wochenende ist sie ganz aufgehoben, unter der Woche wird zwischen 5 und 6 Uhr geschlossen. Für die meisten Menschen keine wirkliche Beschränkung, zumal es Kneipen gibt, die eine halbe Stunde später wieder aufmachen.

Insider Tipp

Voll im Trend: die coole »Bar Hamburg«

Feine Bars mit internationalem Publikum gibt's in fast allen großen Hotels. Klassiker finden sich im *Vier Jahreszeiten* und im *Atlantik* oder im *Hotel Reichshof,* wo sich die Gäste in der *M&M Bar* bei Pianoklängen vergnügen.

Für klassische Bühnenunterhaltung gibt es mehrere Adressen. Staatsoper, Deutsches Schauspielhaus und Thalia-Theater sind die großen Häuser, dazu kommen zahlreiche private und Off-Theater. Das Hamburger Publikum gilt als konservativ, und so kommt es vor, dass viel beklatschte Premieren anderntags in der Presse gnadenlos verrissen werden und Buhrufe die Rezensenten andererseits zu Beifallsstürmen hinreißen. Die großen Theater- oder Opernpremieren und die großen Musicals sind häufig ausverkauft. Wer auf Nummer sicher gehen will, bestellt vor. Termine stehen in den Tageszeitungen, im Internet und in Szeneblättern, Karten gibt's auch über die Hotline der Tourist Information Hamburg.

BARS, KNEIPEN & SZENETREFFS

Sind keine Zeiten angegeben, dann ist jeden Tag von meist 10 oder 11 Uhr an geöffnet, und es gibt ein Frühstück, sonntags häufig Brunch. Die reinen Bars öffnen in der Regel erst abends. Wann Schluss ist? Meist, wenn die Letzten gehen.

Amphore   [122 A5]

Einst Plüschbordell, dann Nachtclub, jetzt Bar und Café. Spitzenblick von der Straßenterrasse auf den Hafen. Weht eine Brise, gibt es wärmende Decken. *Tel. 31 79 38 80, St.-Pauli-Hafenstr. 140, Bus 112, St.-Pauli-Hafenstraße*

Au Quai Bar   [121 D5]

Spektakulärer Blick von der Terrasse, junges Publikum, guter Sound und ein schickes gleichnamiges Restaurant nebenan. *Ab 17 Uhr, Große Elbstraße 145, Tel. 38 03 77 30, Bus 383, Van-der-Smissen-Straße*

Aurel [121 D4]

🏃 Barleben in Ottensen, das heißt: Happy Hour und Walgesänge auf dem Klo. *Ab 12 Uhr; Bahrenfelder Str. 157, Bus- und S-Bahnhof Altona*

Bar Hamburg [109 F3]

Vor dem Cocktail geht es hier über den Laufsteg. Echt schick, der Laden. *Ab 19 Uhr; Tel. 28 05 48 80, Rautenbergstr. 6–8, S- und U-Bahn Hauptbahnhof*

Bar Rossi [122 A3]

Erst den Cocktail in der *Bar Rossi* nehmen, dann zum Jungvolk ins plüschige *Nouar* direkt nebenan wechseln. Die Fußballübertragen auf zwei Wänden sind klasse. *Ab 18 Uhr; Tel. 43 25 46 39, Max-Brauer-Allee 279, Bus 115, Schulterblatt*

Bereuther [114 C6]

Hier tobt die Szene, und zwar die ganz, ganz superschicke. Später am Abend wird auch zum Abtanzen aufgelegt. *Ab 19 Uhr; So geschl.,*

Klosterallee 100, Tel. 41 40 67 89, U 3, Hoheluftbrücke

Borcherts [114 C4]

Die Ur-Kneipe Eppendorfs konnte unlängst 100-Jähriges feiern. So legendärer Brunch, Fr legen DJs Platten auf. *Geschwister-Scholl-Str. 1, Tel. 46 26 77, Metrobus 20 und 22, Eppendorfer Marktplatz*

Café Gnosa [123 C4]

Einst Treffpunkt für Männer, die Männer lieben; heute auch für Heteros und Frauen zugänglich. Leckere Torten. *Lange Reihe 93, Tel. 24 30 34, Metrobus 6, AK St. Georg*

Chili Club [123 D6]

Etwas unterkühlter Treffpunkt mit Brasserie und Bar an den Magellanterrassen in der Hafencity. Die Fläschchen auf den Tischen enthalten übrigens keine Nasentropfen (auch wenn sie so aussehen), sonder flüssiges Chili. *Ab 11 Uhr; Am Sandtorkai 54, Tel. 35 70 35 80, Metrobus 3, 6, Auf dem Sande*

MARCO POLO Highlights
»Am Abend«

⭐ **Zeise-Kinos**
Sollte der Film nicht gefallen, die Architektur macht es wett (Seite 82)

⭐ **Thalia-Theater**
Hochkultur für Normalverbraucher (Seite 85)

⭐ **Christiansen's**
Beste Barkeeper, 180 Whisky- und 200 Rumsorten (Seite 80)

⭐ **Hamburgische Staatsoper**
Eine der besten Bühnen Deutschlands setzt zu neuen Höhenflügen an (Seite 84)

⭐ **Fabrik**
Altonaer Urgestein in Sachen Rock, Jazz und Kleinkunst (Seite 83)

⭐ **Schmidt-Theater**
Schrilles Amüsiertheater auf St. Pauli (Seite 84)

Christiansen's [122 A6]

★ Chef Uwe Christiansen ist ein ausgezeichneter Barkeeper. In der klassisch-stilvollen Bar bekommen die Gäste Whisky und Cocktails zu zivilen Preisen. Montags kostenlose Relax-Massagen. *Ab 20 Uhr, Pinnasberg 60, Tel. 317 28 63, S 1 und 3, Reeperbahn*

Die Welt ist schön [122 A4]

Stilvolle, sympathische Cocktailbar über drei Etagen mit Dachgarten. Gute DJs. *Di–Sa ab 20 Uhr, Neuer Pferdemarkt 4, U 3, Feldstraße*

Erikas Eck [122 A3]

Insider Tipp

Morgens um 4 Uhr ist die Metzgerwelt noch in Ordnung. Bei Hackbrötchen und Ei zum Frühstück, redlich verdient nach getaner Arbeit auf dem Schlachthof. *Tgl. ab 19 Uhr bis nächsten Mittag, Sternstr. 98, Tel. 43 35 45, S 21 und 31, U 3, Sternschanze*

Filmhauskneipe [121 D4]

Beschaulich, freundlich, überschaubar. Für alle, die »irgendwie mit Film zu tun haben«, und für den ganzen Rest. *Ab 12 Uhr, Friedensallee 7, Tel. 39 90 80 25, Bus- und S-Bahnhof Altona*

Finnegan's Wake [109 D5]

Eine kleine Oase der irischen Art in der Innenstadt – für Freunde des echten Stout. *Mo–Mi ab 16, Do–So ab 12 Uhr, Börsenbrücke 4, Tel. 374 34 33, U 1, Messberg*

frank und frei [122 A3]

Hier erlebt man das Schanzenviertel noch, wie es mal war – ganz ohne Werbefuzzis. Gutes Maibock! *Schanzenstr. 93, Tel. 43 48 03, S 21, 31, U 3, Sternschanze*

Galerie 36 [122 A4]

Über einem der besten Livemusikläden auf dem Kiez. Di »Latinonacht«, Do »Mensa de Luxe«: Drinks zum halben Preis. *Ab 20 Uhr, Mo, Mi, So geschl., Große Freiheit 36, Tel. 31 77 78 80, www.grossefreiheit36.de, S 1, 3, Reeperbahn*

Katelbach [121 D5]

Beliebter Treffpunkt für Ottensener. Der exzellente Kaffee stammt aus

Im bunten Ottensen: Filmhauskneipe bei den Zeisehallen

Abbamania & Dirty Dancing

Musicalstadt Hamburg

Liebling der Musicalfans ist das schwungvolle Abba-Musical »Mamma Mia« im *Operettenhaus* am Spielbudenplatz. Seit März 2006 lockt Hamburgs neues Musical »Dirty Dancing« das Publikum. Im Theater *Neue Flora* wird die dramatische Liebesgeschichte zu heißen Mamborhythmen inszeniert. Schon ein Klassiker ist Disneys »König der Löwen« im grandios gelegenen *Theater im Hafen*. Die Vorstellungen sind oft Monate im Voraus ausverkauft, unter der Woche gibt's aber Restkarten *(Tel. 01805/44 44, www.stage-entertainment.de)*. Eine sympathische Alternative zu den anonymen Großunternehmen ist das *Theater Royal* am Holstenwall, das stimmungsvolle Musicals und Revuen im schönen Theaterraum präsentiert *(Tel. 31 31 14, www.royal-theater.de)*.

der hauseigenen Rösterei, abends kann man hier endlos sitzen. *Ab 15, Sa/So ab 13 Uhr, Tel. 390 55 11, Große Brunnenstr. 60, Bus- und S-Bahnhof Altona*

Max und Consorten   [109 F3]

Bunt gemischtes Publikum, einen Steinwurf vom Hauptbahnhof entfernt. Zivile Preise. *Spadenteich 7, Tel. 24 56 17, S- und U-Bahn Hauptbahnhof*

Roadhouse Billards   [122 A1]

Klassische Aufteilung: vorne Kneipe und Lounge, hinten 15 Tische, schön verqualmt. *Ab 14 Uhr, Osterstr. 33 a, Tel. 43 19 39 37, Metrobus 4, Schulweg*

Schwenders   [108 B4]

Der Großneumarkt hat immer noch Flair, besonders in lauen Sommernächten. Dann sitzen sogar Hamburger wieder vorm *Schwenders* und trinken Wein. *Großneumarkt 1, Tel. 34 54 23, S 1 und 3, Stadthausbrücke*

DISKOS & TANZEN

After Work Club   [108 C2]

Davon gibt es mehrere in der Stadt, doch alle sind Nachahmer. Das Original findet Do im *Café Schöne Aussichten* statt. *Do 18–1 Uhr, Café Schöne Aussichten, Gorch-Fock-Wall 4, Tel. 34 01 13, www.afterworkclub.de, U 1, Stephansplatz*

Angies Nightclub   [122 A5]

Der Klassiker auf dem Kiez, zum Tanzen und, wenn Soul-Night ist, auch zum Träumen. *Do–Sa ab 22.30 Uhr, Tel. 31 77 88 11, Spielbudenplatz 27, S 1, 3, Reeperbahn*

China Lounge   [122 A5]

Wer es an den Türstehern vorbeischafft, darf sich glücklich schätzen. Edles Clubambiente über drei Etagen. Genial: der Wintergarten. Fast vergessen: Hier gab es mal ein hervorragendes Chinarestaurant. *Do bis Sa ab 23 Uhr, Nobistor 14, Tel. 319 76 60, www.china-lounge.de, S 1 und 3, Reeperbahn*

Abtanzen im Grünspan auf St. Pauli

Frau Hedi/
Frau Hedis Landgang [122 A4]

Alles begann auf einer Barkasse namens »Frau Hedi«. Heute ist der Club sesshaft geworden und organisiert Mottoabende: Funk, russische Kinderlieder oder serbische Blasmusik. Die **Barkassenfahrten** gibt's immer noch – mit Musik, die Gäste dürfen die Tour mitbestimmen *(Mai bis Sept. ab 19 Uhr stdl., Landungsbrücke 10), Di–So ab 20 Uhr, Neuer Pferdemarkt 3, Tel. 42 10 28 23, www.frauhedi.de, U 3, Feldstraße*

Insider Tipp

Golden Pudel Club [122 A5]

Für Außenstehende irritierend. Für Eingeweihte echt cool. *Tgl. ab 21 Uhr, Fischmarkt 27, Tel. 319 53 36, www.pudel.com, U 3, St. Pauli*

Grünspan [122 A4]

Klassiker auf dem Kiez, spezialisiert auf Rock, auch Liveauftritte. *Große Freiheit 58, www.gruenspan.de, S 1 und 3, Reeperbahn*

Mandarin Kasino [122 A5]

Aus dem legendären *Mojo* wurde das *Mandarin*; gute Adresse für Hip-

hop- und Soulfans. *Fr/Sa ab 22, Konzerte ab 20 Uhr, Reeperbahn 1, www.mandarin-kasino.de, U 3, St. Pauli*

Waagenbau [122 A3]

Subkultur bei Reggae, Rasta und Funk in einer alten Waagenfabrik. Die Gegend ist scheußlich, aber sooo angesagt. *Meist Mo–Do ab 22, Fr/Sa ab 23 Uhr, Max-Brauer-Allee 204, Tel. 24 42 05 09, www.waagenbau.com, Bus 115, Sternbrücke*

KINOS

Abaton [123 C2]

Anspruchsvolles Kino, dazu die netteste Kneipe am Campus. *Allende-Platz 3, Tel. 41 32 03 20, www.abaton.de, Metrobus 4, 5, Grindelhof*

Streits [109 D3]

Premierenkino der alten Klasse mit Riesenleinwand und schöner Bar. *Jungfernstieg 38, Tel. 34 60 51, S- und U-Bahn Jungfernstieg*

Zeise-Kinos [121 D4]

Kinokunst in einer ehemaligen Schiffsschraubenfabrik. *Friedensal-*

lee 9, Tel. 390 87 70, Bus- und S-
Bahnhof Altona

LIVEMUSIK

Birdland [114 A6]
Wer sagt denn, dass der Jazz tot ist?
Hier lebt sogar noch der Swing.
*Do–So ab 21 Uhr; Juni–Aug. nur
Do Jamsession, Gärtnerstr. 122,
Tel. 40 52 77, www.jazzclub-bird
land.de, Metrobus 20, Goebenstraße*

Color Line Arena [112 B–C5]
Sie hat wirklich gefehlt – ob für El-
ton John, Destiny's Child oder Udo
Jürgens. Wenn hier keine Sportver-
anstaltungen (Handball, Eishockey,
Boxen) stattfinden, gibt es Liveauf-
ritte. Die 16 000 Plätze sind oft ausgebucht. *Sylvesterallee 10, Tel.
88 16 30, www.colorline-arena.
com, S 3 und 21, Stellingen, dann
Buszubringer*

Downtown Bluesclub [115 F4]
Nördlich der Szene, im Stadtpark,
liegt das *Landhaus Walter.* Drinnen
gibt's Blues und Disko der 80er-Jah-
re. *Mi, Fr/Sa Bluesclub, Di, Do Disko, ab 20 Uhr; Hindenburgstr. 2,
Tel. 27 50 54 55, www.downtown-
bluesclub.de, U 3, Borgweg*

Fabrik [121 D4]
★ 🏃 Traditionelle Music Hall in
Altona mit einer Mischung aus
Rock, Blues und Jazz. *Barner Str.
36, Tel. 39 10 70, www.fabrik.de,
Bus- und S-Bahnhof Altona*

Freilichtbühne
im Stadtpark [116 A3]
Sting war schon da, und Bob Dylan
ist beinahe Stammgast. *Karten: Tel.
414 78 80, www.karsten-jahnke.de,
Stadtpark, S 1, Alte Wöhr*

Markthalle [109 F5]
Dunkles Veranstaltungszentrum mit
lauter Musik und modernem Theater. *Klosterwall 11, Tel. 33 94 91,
www.markthalle-hamburg.de, S-
und U-Bahn Hauptbahnhof*

MUSICAL, SHOW,
VARIETÉ & KABARETT

Das Schiff [109 D5] *Insider Tipp*
Ein hochseetüchtiger Kulturdamp-
fer für geistreiches Kabarett und Ka-
binettstückchen mit großer Fangemeinde. *Holzbrücke 2/Anleger Nikolaifleet, Tel. 69 65 05 80, Fax
69 65 05 95, www.theaterschiff.de,
U 3, Rödingsmarkt*

Fliegende Bauten [122 B5]
Fliegend ist das schöne Theaterzelt
am Heiligengeistfeld nicht mehr.
Gastspiele aus allen Bereichen. Reservieren Sie einen Menütisch. *Glacis-
chaussee 4, Tel. 47 11 06 33, www.
fliegende-bauten.de, U 3, St. Pauli*

Polittbüro [123 E4]
Lisa Politt ist eine Vollblutkünstle-
rin. Dazu gibt's auf der Bühne im alten Kino in St. Georg bunte, poli-
tisch engagierte Kleinkunst. *Steindamm 45, Tel. 28 05 54 67, www.
polittbuero.de, U 1, Lohmühlenstraße*

Pulverfass [122 A5]
Frivole Travestieshows, seit 33 Jahren! Nicht wegzudenken. *Reeperbahn 147, Tel. 24 97 91, www.pul
verfasskabarett.de, S 1 und 3, Reeperbahn*

Quatsch Comedy Club [122 A5]
Lachen im *Café Keese.* Der Komö-
diant Thomas Hermanns tritt im
traditionsreichen Haus mit seinem
Club-Mix auf. *Do–So, Reeperbahn*

International renommiert: das Ballett der Hamburgischen Staatsoper

19–21, Tel. 01805 / 44 44 11, www.topticketline.de, S 1, 3, Reeperbahn

Schmidt-Theater [122 A5]

★ 🏃 Kult. Ob nun das St.-Pauli-Musical »Heiße Ecke«, ob Caveman oder Georgette Dee – mit dem neu erbauten, knallig-roten *Schmidt-Theater* und dem *Tivoli* nebenan hat sich Gründer Corny Littmann noch zu Lebzeiten ein Denkmal gesetzt. *Spielbudenplatz 27, Tel. 31 77 88 99, www.schmidts.de, U 3, St. Pauli; S 1, 3, Reeperbahn*

OPER, OPERETTE & KONZERTE

Hamburgische Staatsoper und Opera Stabile [108 C3]

★ Mit der australischen Dirigentin Simone Young begann eine neue Zeitrechnung an einem der besten Häuser Deutschlands. Weiterhin bejubelter Liebling des Publikums ist John Neumeier mit seiner Balletttruppe. *Große Theaterstr. 25, Tel. 35 68 68, www.staatsoperhamburg.de, www.hamburgballett.de, U 1, Stephansplatz*

Kirchenmusik

Über 1000 Konzerte finden jährlich in Hamburgs Kirchen statt – nicht nur in den Hauptkirchen, sondern auch in den vielen schönen Stadtteilkirchen. Zentrum der Kirchenmusik ist der Michel. Hier gibt es großartige Bachkonzerte, alle Jahre wieder im Herbst zu den *Bachwochen*. *Info: Tel. 30 62 01 00 20, www.kirchenmusik-hamburg.de*

Laeiszhalle – Musikhalle-Hamburg [108 B3]

Neobarocker Bau, der seinen alten Namen zurückbekommen hat. Gastspiele internationaler Orchester und Solisten, Spielstätte der *Hamburger Symphoniker*. Auch das *Symphonieorchester des NDR* tritt hier auf. *Johannes-Brahms-Platz, Tel. 34 69 20, www.laeiszhalle.de, Metrobus 3, Bus 112, Johannes-Brahms-Platz*

SPIELBANK

Casino Esplanade [108 C2]

Die neue Hamburger Spielbank, eröffnet im September 2006, residiert in einem Prachtbau an der Esplana-

de. Automatenhalle; Black Jack, Roulette und Poker im Casino. Mit Dachterrasse und Restaurant. *Automatenhalle tgl. ab 12, Casino ab 15 Uhr, Eintritt 2,50 Euro, Stephansplatz 10, Tel. 450 17 60, www.spielbank-hamburg.de, U 1, Stephansplatz*

THEATER

Deutsches Schauspielhaus [109 F3]
Das größte deutsche Sprechtheater hat es schon immer schwer gehabt, sein Publikum zu finden. Auch für Friedrich Schirmer, seit Sommer 2005 Intendant, ist das nicht anders geworden. Aber seine Mischung kommt an. Vor allem mit dem *Jungen Schauspielhaus* im ehemaligen Malersaal und den Stücken für Kinder und Jugendliche erntet seine Truppe inzwischen viele Lorbeeren. *Kirchenallee 39–41, Tel. 24 87 13, www.schauspielhaus.de, S- und U-Bahn Hauptbahnhof*

Hamburger Kammerspiele [122 C2]
Traditionsreiches Privattheater. Intendant Axel Schneider sorgt mit anspruchsvollen Inszenierungen für Stil. *Hartungstr. 9, Tel. 0800 413 34 40, www.hamburger-kammerspiele.de, U 1, Hallerstraße*

Imperial Theater [122 B5]
Hamburgs Krimitheater. Von der »Mausefalle« bis zu »Der Rächer«. *Reeperbahn 5, Tel. 31 31 14, www.imperial-theater.de, U 3, St. Pauli*

Kampnagelfabrik [115 F5–6]
Tanz- und experimentelles Theater – früher ging's hier radikaler zu. Im Sommer internationales Tanz- und Theaterfestival *Laokoon. Jarrestr.*

20–24, Tel. 27 09 49 49, www.kampnagel.de, U 3, Saarlandstraße

Ohnsorg-Theater [108 C4]
Hier wird »platt gesnackt«, ein volksnaher Spaß. *Große Bleichen 23–25, Tel. 35 08 03 21, www.ohnsorg.de, S- und U-Bahn Jungfernstieg*

St. Pauli Theater [122 A5]
Zwei Hamburger Kulturdarlings, Schauspieler Ulrich Tukur und Intendant Ulrich Waller, das älteste Theater auf der Reeperbahn. Mit großem Erfolg! *Spielbudenplatz 29/30, Tel. 47 11 06 66, www.st-pauli-theater.de, U 3, St. Pauli*

Thalia-Theater [109 E4]
★ *Das* Theater in Hamburg. Intendant Ulrich Khuon freut sich über die Treue des Stammpublikums ebenso wie über internationale Anerkennung. In Altona, auf der Probebühne in der Gaußstraße, geht es legerer zu. *Alstertor 1, Tel. 32 81 44 44, www.thalia-theater.de, S- und U-Bahn Jungfernstieg*

Theater für Kinder/ Allee-Theater [121 E4]
Deutschlands ältestes Kindertheater mit wunderbaren Produktionen und eine Kammeroper für Erwachsene, deren barocke Inszenierungen immer beliebter werden. Zur Einstimmung Theatermenüs im Bistro. *Max-Brauer-Allee 76, Tel. 38 25 38, www.theater-fuer-kinder.de, Bus 115, Metrobus 20, Gerichtsstraße*

Winterhuder Fährhaus [115 D4]
Das erfolgreichste deutsche Komödientheater in privater Hand. *Hudtwalckerstr. 13, Tel. 48 06 80 00, www.komoedie-winterhuder-faehrhaus.de, U 1, Hudtwalckerstraße*

Bücher, Wasser und ein Hauch von Italien

Die Spaziergänge sind in der Karte auf dem hinteren Umschlag und im Cityatlas ab Seite 108 grün markiert

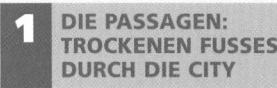

1 DIE PASSAGEN: TROCKENEN FUSSES DURCH DIE CITY

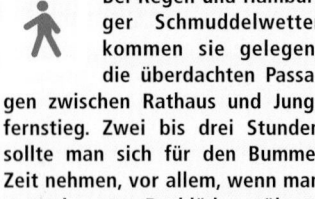

Bei Regen und Hamburger Schmuddelwetter kommen sie gelegen, die überdachten Passagen zwischen Rathaus und Jungfernstieg. Zwei bis drei Stunden sollte man sich für den Bummel Zeit nehmen, vor allem, wenn man gerne in guten Buchläden stöbert.

Zwei Stunden zu Fuß durch die Hamburger Innenstadt – das kann ein Anschlag auf Gesundheit und Geldbörse sein. Muss aber nicht. Selbst im dicksten Gewühl finden sich Oasen. Seit Anfang der Achtzigerjahre haben finanzkräftige Investoren eine Schneise nach der anderen durch die City geschlagen. Zwischen Rathaus und Gänsemarkt, zwischen Binnenalster und Stadthausbrücke ist ein komplett neues Einkaufsviertel entstanden. Das Besondere daran: alles unter Dach und Fach.

Alsterarkaden an der Kleinen Alster

Der Rundgang beginnt an der Ecke *Jungfernstieg* bei den *Alsterarkaden*. Der Bogengang wurde zusammen mit den Stadthäusern nach dem Großen Brand von 1842 errichtet. Der mittlere Teil der Alsterarkaden brannte Anfang der Neunzigerjahre noch einmal aus und wurde originalgetreu wieder aufgebaut. Genau an dieser Stelle führt die sehr schöne *Mellinpassage* hinüber zum *Neuen Wall*. Darin untergebracht gleich drei stilvolle Einrichtungen: ein Ableger von Hamburgs syrischem Restaurant *Saliba (S. 51)*, Hamburgs traditionsreichster Herrenausstatter *Ladage & Oelke (S. 63)* und Hamburgs schönste Buchhandlung, die *Bücherstube Felix Jud (S. 60)*, wo die Rezensionen gleich im Schaufenster hängen und anspruchsvolle Belletristik gepflegt wird. Vorbei an Armani, Hermès und anderen Modegrößen geht es vom Neuen Wall rechts in die *Poststraße* und am Bleichenfleet linker Hand hinein in die *Galleria (S. 31)*. Auch an diesem Ort des gehobenen Kommerzes findet sich erstaunlicherweise eine sehr ambitionierte

Buchhandlung: *Von der Höh (Große Bleichen 21)* hat sich auf Kunst, Design, Werbung und Mode konzentriert.

Gegenüber liegt der Eingang des

Hörbuchladens *Litraton (Große Bleichen 34)*: Wählen Sie zwischen 13 000 Hörtiteln auf CD oder Kassette. Etwas weiter biegen Sie dann rechts ins *Hanse-Viertel (S. 31)* ein. Städtische Noblesse soll sie nach dem Willen der Architekten ausstrahlen. Diesem Zweck dienen auch die bronzenen Fußbodenintarsien, die leider kaum beachtet werden: Sie zählen sämtliche Hansestädte auf und zitieren Ladungslisten von Koggen. Am Rondeel gönnen Sie sich unten im *Mövenpick-Café* eine Pause. Durch den Mittelweg geht es dann vorbei an der Spezialbuchhandlung für Schifffahrt und Verkehr *Wede* zum Ausgang Poststraße. Noch ein Gläschen Champagner gefällig? Am Hummerstand können Sie sich ausgiebig von anderen Flaneuren bewundern lassen. *Gerhof*- und *Gänsemarktpassage* führen von da aus bis unter die *Colonnaden*. Im Stil der Neorenaissance errichtet, sind sie eigentlich ein Schmuckstück; die alteingesessenen Spezialgeschäfte klagen allerdings über den baulichen Verfall. Gehalten hat sich *Pfeifen Tesch (Colonnaden 10)*, seit 1880 unverändert an dieser Stelle und unter familiärer Führung. Zwei begehbare Humidore beherbergen auch kostbare Zigarren. Falls Sie jetzt Lust auf einen Dämmerschoppen haben: Seit Jahrzehnten treffen sich Hamburger Freunde des guten Frankenweins dazu im *Bocksbeutel (Colonnaden 54)*. Auf dem Rückweg zum *Rathausmarkt* erinnert am Eingang zur Passage Hamburger Hof ein

kleines Schild an Ida Dehmel, die weithin vergessene Ehefrau des ebenso vergessenen Dichters Richard Dehmel, die an dieser Stelle 1926 die Gemeinschaft deutscher und österreichischer Künstlerinnen (Gedok) ins Leben rief; ihr eigenes beendete die Jüdin 1942 unter den Nazis. »Wir alle leben vom geborgten Licht«, schrieb ihr Mann. Gönnen Sie sich eine Praline in der Konditorei *Andersen (1. Stock, Hamburger Hof, S. 45)*. So gestärkt, geht es dann in die Passage *Alte Post*. Sie beherbergt Hamburgs größte Buchhandlung *Thalia (Große Bleichen 19)*. So viel Geist im Herzen der Kaufmannsstadt – nicht einmal Heinrich Heine hätte damit gerechnet. Auf dem Rathausmarkt stützt er gedankenvoll sein Denkmalhaupt: »… aber ein Schwert soll man mir auf den Sarg legen, denn ich war ein braver Soldat im Befreiungskriege der Menschheit.«

2 MEHR BRÜCKEN ALS VENEDIG: HAMBURG VOM WASSER AUS

 ★ **Wasser ist das bestimmende Element der Hansestadt, nicht nur am Hafen, sondern auch im Zentrum. Am besten lassen sich Alster, Kanäle und Fleete vom Alsterdampfer aus entdecken. Los geht es ist immer am Anleger Jungfernstieg, Fahrzeit je nach Tour ein bis drei Stunden.**

»Wat mutt, dat mutt«, informiert der Kassierer der Alster-Touristik GmbH am Jungfernstieg seine Kundschaft, und wo der Mann Recht hat, hat er Recht: Ohne Alsterrundfahrt ist ein Hamburg-Besuch nicht komplett. Es ist nur auf

Am Anleger Jungfernstieg starten die Alsterdampfer zu Rundfahrten

den ersten Blick schwierig, sich zu entscheiden, denn während der Hauptsaison (Ende April bis Ende September) legt beinahe viertelstündlich einer der weißen Dampfer ab. Und die Süßwasserkapitäne mit ihren goldenen Litzen sehen streng auf die Uhr.

Da gibt es die einfachste Variante, die *Alsterrundfahrt*, die eine knappe Stunde dauert. *Uhlenhorst, Winterhude, Eppendorf, Harvestehude, Rotherbaum* – alle diese Stadtteile haben ihr grünes Alsterufer, und das lässt sich vom Schiff aus bequem besichtigen. Auf jedem Tisch klebt ein Plan, und so kann man mit dem Finger verfolgen, wo man gerade ist. Gibt es das in einer anderen Großstadt? Ein Binnensee als Mittelpunkt? Und alles so proper und ganz in Weiß …

Die *Alster-Kreuzfahrt* ist ein Überbleibsel aus jener Zeit, als die Dampfer noch öffentliche Verkehrsmittel waren. Neun Stationen werden angelaufen, vom Jungfernstieg bis zum Winterhuder Fährhaus und das Ganze wieder zurück, das dauert dann knapp zwei Stunden, aber man kann jederzeit aussteigen, z. B. an *Fiedler's Café (Hofweg 103)* oder bei *Bobby Reich (S. 51)*, und dort einen – dank Fahrschein kostenlosen – kleinen Likör zu sich nehmen und sich Gedanken darüber machen, wo die Hamburger nur die viele Freizeit hernehmen.

Dann gibt es die *Fleetfahrten,* von der Alster über die *Schaartorschleuse* in die *Speicherstadt* (Dauer etwa zwei Stunden). Außerdem die *Kanalfahrten,* weit hinein in die kanalisierte *Osterbek,* zum Stadtparksee, *Goldbekkanal* und *Rondeelteich* oder alternativ über *Leinpfad-, Insel-, Skagerrak-* und *Brabandkanal.* Da beugen sich alte

Insider Tipp

Bäume tief ins Wasser, grüßen prachtvolle Gärten und vornehme Villen, nur deren Bewohner, die vielleicht gerade im Garten weilen, die grüßen garantiert nicht zurück. Eine Fläche von gut 180 ha umfasst die Alster. Ihr Inhalt entspricht in etwa dem täglichen Wasserverbrauch der Stadt. Sauberer ist sie auch wieder geworden, seit mit erheblichem Aufwand dafür gesorgt wird, dass die Hamburger Siele nicht mehr bei jedem Sturzregen überlaufen. Fehlt nur noch eine Badeanstalt, wie sie im vorigen Jahrhundert existierte.

Drei Stunden lang dauert die ca. 20 km lange Tour bis Bergedorf in die Vierlande. Über die Dove-Elbe mit ihren Wiesen, Feldern und Freizeitkapitänen ist das dann schon ein veritabler Schiffsausflug. Das Schiff legt im Zentrum von Bergedorf an, in Fußwegnähe des schönen Wasserschlosses. Für die Rückfahrt bietet sich die S-Bahn an. Ein Tipp: Reservieren Sie für diese Tour Karten.

Die schönste Alsterfahrt freilich ist nach übereinstimmender Meinung aller Romantiker der stimmungsvolle *Dämmertörn,* der im Sommer täglich um 20 Uhr losgeht und der Route einer der beiden Kanalfahrten folgt.

Auskunft: Alster-Touristik, Tel. 357 42 40, www.alstertouristik.de. Fast alle Touren starten während der Sommermonate, April–Sept., tgl. vom Anleger Jungfernstieg aus. Preisbeispiele: Rundfahrt 10 Euro, Fleetfahrt 15 Euro, Kanalfahrt 13 Euro, Kinder jeweils die Hälfte, Ermäßigungen für Familien und Inhaber der Hamburg und Metropol Card. Auch private Charterfahrten möglich.

 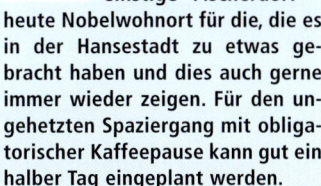

3 DAS BLANKENESER TREPPENVIERTEL

★ **Wer Blankenese zu Fuß entdecken will, sollte sich mit festem Schuhwerk rüsten. Tausende von Treppenstufen führen durch das einstige Fischerdorf – heute Nobelwohnort für die, die es in der Hansestadt zu etwas gebracht haben und dies auch gerne immer wieder zeigen. Für den ungehetzten Spaziergang mit obligatorischer Kaffeepause kann gut ein halber Tag eingeplant werden.**

Breckwoldt muss man heißen. Dann zählt man zum echten »Treppenadel«. Alle anderen sind in *Blankenese* mehr oder weniger zugezogen und mehr oder weniger neureich. Das soll aber niemanden daran hindern, das »Positano des Nordens« zu besuchen.

Vom *Jungfernstieg* aus sind es exakt 26 Minuten mit der S-Bahn (S 1), bis das Großstadtgetümmel übergeht in Grün und Vorgartenidyll. Der Spazierweg beginnt am S-Bahnhof Blankenese und führt über die Kreuzung an der Sparkasse vorbei in Richtung Elbe. Hinter dem Marktplatz geht es links in die Auguste-Baur-Straße, an deren Ende rechts und gleich wieder links in *Baurs Park.* Angelegt um achtzehnhundertnochwas vom Konverenzrat Baur. Der hatte nicht nur so viel Geld, dass er die gesamte Erde für seinen Park aus dem Alten Land hierher schaffen ließ, sondern außerdem elf Kinder, 34 Enkel und 22 Urenkel sowie ein langes Leben; erst mit 96 Jahren segnete er das Zeitliche. Sein einst prachtvolles Wohnhaus, 1826 von einem Neffen

Im Sommer verführt der Elbstrand in Blankenese zum Müßiggang

des berühmten Architekten Hansen errichtet. Den Kanonenberg ließ der Kaufmann Baur errichten, um seine Schiffe mit Böllerschüssen begrüßen zu können. Von hier aus geht der  Blick hinüber nach Finkenwerder und elbabwärts. Vom Kanonenberg führt der Spazierweg weiter am Elbhang entlang Richtung Westen.

Sie erreichen die *Blankeneser Hauptstraße* und beginnen dort Ihren Abstieg durch das Treppenviertel zur Elbe – am besten über den *Baurs Weg. Bröers Treppe* zweigt rechts ab und leitet in einer Serpentine auf die *Breckwoldtstraße,* die nur deshalb Straße heißt, weil es die erwähnte Familie Breckwoldt zu ehren gilt. Sie mündet in die Strandtreppe, die zum *Strandhotel (S. 69)* führt. Ein paar Schritte sind es von da aus auf die Blankeneser Landungsbrücke, »Op'n Bulln« genannt, weil hier in grauer Vorzeit Vieh verladen wurde. Kaffee und

Kuchen gibt es überall am Strandweg, z. B. 300 m weiter beim *Bäcker,* ungefähr da, wo der Leuchtturm steht. »Rutsch« heißt dann eine Treppe, die wieder aufwärts führt, bis auf die Höhe der Elbterrasse. Noch höher, nämlich in schwindelnde 74,7 m über NN, führt die *Süllbergterrasse* auf den berühmten Süllberg, wo Starkoch Karl-Heinz Hauser seine Gäste im *Seven Seas* verwöhnt *(S. 48).* Günstiger als ein Menü im Restaurant ist ein kleines Helles im göttlich gelegenen *Biergarten.* Alternative: Sie steigen etwas weiter ab und schlemmen Torte in *Schuldt's Kaffeegarten.*

Über die Süllbergterrasse und durch Gässchen, die so absonderliche Namen wie *Philippsstrom* tragen, geht es talwärts bis zur Haltestelle der Buslinie 48, die den Spaziergänger zurück zum Bahnhof bringt. Topografisches Fazit: Höhe gewinnen ist im Treppenviertel schwer. Höhe halten unmöglich.

Insider Tipp

Reiher auf den Elbwiesen

Paddeln auf der Alster, Wandern im Sachsenwald und Äpfel pflücken im Alten Land

ALTES LAND

A 7 Richtung Hannover, Abfahrt Heimfeld, oder A 1 Richtung Bremen, Abfahrt Harburg, dann die B 73, ca. 45 Min.; im Sommer fahren sowohl die Schiffe der Hadag (Tel. 311 70 70, www. hadag.de) über die Elbe als auch der Katamaran »Hansestar« (direkt nach Stade, Tel. 04148/61 02 76). Die Region gehört zum Gebiet der Metropol Card; vieles (wie z. B. die Schifffahrten) ist dann inklusive.

[126 B3–4] Das Alte Land ist Hamburgs fruchtbarer Garten, ein 7 km breiter Marschengürtel, der sich am Südufer der Elbe bis hin nach Stade zieht. Ein Ausflug Ende April bis Anfang Mai, wenn im größten zusammenhängenden Obstanbaugebiet Europas mehr als drei Mio. Bäume in Blüte stehen, gilt den Hamburgern quasi als Pflichtveranstaltung. Zu Tausenden holen sie dann ihre Fahrräder hervor und lassen sich per Schiff die Elbe hinabschippern, um anschließend

Zur Apfelblüte ist es im Alten Land bezaubernd schön

zwischen Lühe und Cranz die Spaziergänger auf den Deichen zu scheuchen. Im Herzen des Alten Landes liegt *Jork* mit seinen prächtigen Bauernhäusern und der kleinen Barockkirche, in der einst Gotthold Ephraim Lessing zum Traualtar schritt. Rundheum finden sich die Spuren des berühmten norddeutschen Orgelbauers Arp Schnitger; in der Kirche St. Pankratius in *Neuenfelde* liegt er begraben, hier und in *Steinkirchen* hinterließ er zwei seiner Orgeln, auf denen im Sommer Konzerte stattfinden.

Unweit von Jork, in *Estebrügge*, empfiehlt sich unbedingt ein Besuch im *Estehof (Estebrügger Str. 87, Tel. 04162/275, Do–Mo 11 bis 19 Uhr; im Juli/Aug. wg. Betriebsferien vorher telefonieren).* Voll gestopft mit bäuerlichen Antiquitäten bietet das 300 Jahre alte Fachwerkhaus mit wunderschönem Garten am Ufer der Este eine solide Küche.

In *Buxtehude*, das den größten innerstädtischen Hafen Norddeutschlands besitzt, lohnt ein Rundgang durch die Altstadt *(geführte Tour Mai–Sept. Sa/So 11 Uhr, Treffpunkt vor dem Museum).* Von hier aus lassen sich Schiffsfahrten auf der Este oder Kutschfahrten

durchs Alte Land organisieren *(Stadtinformation, Stavenort 2, Tel. 04161/50 12 97, Fax 50 12 98, www.stadt.buxtehude.de).* Im nahe gelegenen Ortsteil *Neukloster* sind die Kirche sowie eine 250 Jahre alte »Nonneneiche« zu besichtigen.

Stade, einst als Hansestadt für kurze Zeit Hamburg ebenbürtig, besitzt nicht nur in den Augen seiner Einwohner einen der schönsten Altstadtkerne Norddeutschlands. Der große Brand von 1659 hat zwar die meisten mittelalterlichen Gebäude zerstört, doch die nachfolgenden Kriege haben hier weniger Schaden angerichtet als anderswo. Im *Schwedenspeicher-Museum (Di–Fr 10–17, Sa/So 10–18 Uhr, Am Wasser West 39)* finden sich vom Wikingerschiff über Waffen bis zu Folterwerkzeugen die wichtigsten Errungenschaften bärbeißiger Geschichte. Die erste Apfelsortiermaschine der Welt ist im *Technik- und Verkehrsmuseum* ausgestellt *(Di–Fr 10–16, März–Okt. auch Sa/So 10 bis 18 Uhr, Freiburger Str. 60).* Das *Freilichtmuseum* auf der Insel bietet eine Ansammlung restaurierter Fachwerkhäuser.

Auskunft: Tourist-Information am Hafen, Hansestr. 16, 21682 Stade, Tel. 04141/40 91 70, Fax 40 91 50, www.stade-tourismus.de

---

ALSTERLAUF

Eine Paddeltour auf der Alster, zwischen zwei, vier und sechs Stunden – je nach Kondition.
Der Alsterlauf ist keine Marathon- oder Joggingveranstaltung (obwohl man an der Alster auch laufen kann). Der Alsterlauf ist das Flüsschen oberhalb der in der In-

nenstadt aufgestauten Binnen- und Außenalster, teils kanalisiert, teils naturbelassen. Mehr als 50 km sind für Boote passierbar. Da reicht dann allerdings nicht mehr das Tretboot, und auch mit dem Ruderboot sollte man sich auf die idyllischen Teiche und Seitenarme der Alster beschränken. Für ernsthaftere Touren kommt nur das Kanu in Betracht (Kennzeichen: spatenförmiges Einerpaddel). Noch sportlicher ist das Kajak (Kennzeichen: Doppelpaddel). Beide Bootsformen gibt es sowohl für eine wie für mehrere Personen. Anders als für Segelboote braucht man keinen extra Schein, nur etwas Mut. Die wichtigste Regel auf dem Wasser lautet: rechts vor links, Dampfer und Schleppzüge haben immer Vorfahrt.

Zum Üben empfiehlt sich ein Rundkurs vom Isebekkanal über den Rondeelteich (gute Hamburger Adresse) und den Leinpfadkanal (noch bessere Hamburger Adresse) in den Goldbekkanal (Kleingartenidylle), den Barmbeker Stichkanal (Fabriken), den Osterbekkanal und zum Schluss über die Alster an. Starten Sie am Isebekkanal: Beim *Goldfisch Bootsverleih (Isekai 1, unterhalb des Restaurants* **[114 C5]**, *Tel. 41 35 75 75)* gibt es auch Picknickkörbe oder Decken in die Boote. Waldemar Wielengowski im *Café Isekai (Isekai Ö13, Zugang über Geffkenstraße, Tel. 47 34 61)* brät Ihnen vor- oder hinterher die besten Hamburger Bratkartoffeln.

Auf halber Strecke bietet sich ein Abstecher zum *Stadtparksee* an – durchaus erwägenswert, falls auf der Freilichtbühne gerade mal wieder Bob Dylan auftreten sollte. Falls Sie schwächeln: Kürzen Sie ab über den Mühlenkampkanal. Im *Café*

Auf der Außenalster rudern auch die Profis

Canale (klingeln oder an die Hauswand klopfen) gibt es Kaffee und Kuchen direkt ins Boot.

Nach dieser Tour sind sie fit für Größeres: Gleicher Startpunkt, aber vom Isebekkanal links rum, die Alster hoch, immer gen Norden, so weit die Paddel Sie führen. Wer die Mellingburger Schleuse überwindet, dem stehen weitere 17 km offen, allerdings gegen den Fluss, der sich hier weitgehend friedlich und naturbelassen durch die Landschaft schlängelt. Man bedenke stets: Zurück ist es genauso weit wie hin.

IM DUVENSTEDTER BROOK

Ein Naturschutzgebiet innnerhalb der Stadtgrenzen: Im Duvenstedter Brook leben u. a. noch Reiher, Hirsche und Eulen. Drei bis vier Stunden dauert eine Rundwanderung.

[127 D2] Hamburgs berühmtestes Naturschutzgebiet ist ein Bruchwald, durchsetzt von Mooren, und so, wie es hier aussieht, hat es vor den ersten Rodungen fast überall in der norddeutschen Tiefebene ausgesehen. Nur das Damwild und das Rotwild dürfte, dank des Jägers, der es hegt, damit er was zu schießen hat, deutlich häufiger geworden sein. Deshalb müssen Sie Ihren vierbeinigen Liebling auch zu Hause lassen – Hunde sind im Duvenstedter Brook nicht erlaubt.

Ausgangspunkt aller Wanderungen ist das Naturschutzhäuschen am *Parkplatz Duvenstedter Triftweg (April–Okt. Di–Fr 14–17, Sa 12 bis 18, So 10–18, Feb./März, Nov. Sa 12–16, So 10–16 Uhr, Tel. 607 24 66, www.nabu-hamburg. de)*. Hier bekommt man alle Informationen sowie Kartenmaterial. Mit Glück lassen sich Kraniche, Graureiher, Rohrweihen, Spechte, Eulen, Hirsche, himmelblaue Moorfrösche und Fleisch fressender Sonnentau beobachten. Weil Natur hungrig macht, locken in der Nähe des Herrenhauses zwei Ausflugslokale. Schon 1874 nutzten Bauern die Wartezeit an der Mühle, um in Ruhe in der Wirtschaft ein Bierchen

Lauenburg an der Elbe

ihrer Art *(Hebewerkspassagen bis zu viermal tgl., Reederei Helle 038847/349 66).*

Lauenburg blickt auf eine wechselvolle Geschichte zurück; der Schlossberg gilt als südlichster Punkt des nördlichsten Bundeslandes Schleswig-Holstein, und man sollte sich ruhig einen Blick von hier aus ins Niedersächsische gönnen. Historische Gefühle kommen in der Elbstraße dank eines geschlossenen Fachwerkensembles auf, von der Terrasse des *Hotels Möller* aus lässt sich beim Kaffee die Elbe bewundern.

Auskunft: Tourist-Information, 21481 Lauenburg, Tel. 04153/ 590 92 20, Fax 590 92 99, www.lauenburg-elbe.de

Insider Tipp zu zischen. Heute ist die <mark>Wohldorfer Mühle</mark> ein beliebtes Ausflugslokal *(Mi–Mo 12–21.30 Uhr, Tel. 607 66 50),* ebenso wie *Zum Bäcker (Ostern–Okt. tgl., im Winter Di–So 12–22 Uhr, Tel. 60 76 53 97).*

LAUENBURG

B 5 über Geesthacht, ca. 40 km, ca. 45 Min.; Bahn: stündlich ab Hamburg-Hauptbahnhof, 50 Min.

[127 F5] Zwischen Geesthacht und Lauenburg erstreckt sich das Hohe Elbufer. Zu römischer Zeit verlief hier die Grenze zwischen Sachsen und Slawen. Heute markieren technische Großbauwerke den Flussverlauf der Elbe: Das umstrittene *Kernkraftwerk Krümmel* lässt sich nicht ohne weiteres besichtigen *(Tel. 04152/ 59 40),* dafür aber das *Schiffshebewerk Scharnebeck,* die weltweit größte Anlage

SACHSENWALD

Mit der S 2 bzw. S 21 ab Hamburg-Hbf. bis Friedrichsruh oder Aumühle; A 24 Richtung Berlin, Abfahrt Reinbek oder Grande; B 5 bis Bergedorf, dann weiter über die B 207, ca. 25 km, ca. 40 Min.

[127 E–F 3–4] Der Sachsenwald ist das größte geschlossene Waldgebiet Schleswig-Holsteins. Bäume wachsen hier schon seit der Steinzeit, und entsprechend hoch ist die Dichte an Grabhügeln, Denkmälern und sonstigen Funden aus schon vorgeschichtlicher Zeit. Richtig berühmt geworden ist der Sachsenwald, weil Reichskanzler Otto von Bismarck hier seinen letzten Ruhesitz nahm. Grollend hatte sich der Kanzler 1890 aus der Politik zurückgezogen und starb acht Jahre

später in seinem Haus Friedrichsruh. Im Alten Landhaus befindet sich das *Bismarck-Museum,* gezeigt wird alles, was die Bombardierung im Zweiten Weltkrieg überlebt hat: Briefe, Gemälde, Dokumente. Das Arbeitszimmer Bismarcks ist historisch getreu nachgebildet worden (*März–Okt. Di–So 10–18, Nov.–März Mi, Sa/So 10 bis 16 Uhr, Tel. 04104/24 19).*

Wer es weniger germanisch liebt, dem sei ein Besuch im *Garten der Schmetterlinge* empfohlen (*April–Okt. tgl. 9–18 Uhr, Tel. 04104/60 37),* wo in Tropenhäusern Hunderte von einheimischen und exotischen Schmetterlingen umherflattern. Das ganze Jahr über gibt es auch ein Tässchen Kaffee und Kuchen, draußen dürfen sich die Kinder austoben. Ältere Semester kehren gern voller Rührung ein im *Forsthaus Friedrichsruh (tgl. 10–22 Uhr, 21521 Friedrichsruh, Tel. 04104/69 23 66)* – hier trainierte einst der Boxer Max Schmeling

Auskunft: Gemeindeverwaltung, Bismarckallee 21, 21521 Aumühle, Tel. 04104/50 51, www.sachsenwald.de

WEDELER MARSCH

Deiche, Schafe, Wildgänse, die Elbe – bei einer Fahrradtour durch die Wedeler Marsch steht die Natur im Vordergrund. Am Schulauer Fährhaus werden die Schiffe begrüßt und verabschiedet. Tagesausflug, ca. 40 km.

[126 A–B3] Die Fahrradtour führt durch die Wedeler und die angrenzende Haseldorfer Marsch,

durch ein ausgedehntes Feuchtgebiet also, das einst regelmäßig von der Elbe überflutet wurde und heute durch einen Deich abgeschnitten ist. Der Biologe bedauert das, den Radfahrer freut es – stundenlang geradeaus Richtung Nordwesten, immer mit der Nase im (Gegen-) Wind, der in Hamburg ziemlich zuverlässig weht.

Vom *S-Bahnhof Wedel* geht es über Bahnhofstraße und Rollberg zügig zur Schiffsbegrüßungsanlage *Willkommhöft* am Schulauer Fährhaus. Hier werden die dicken »Pötte« auf der Elbe mit Fahne und Nationalhymne begrüßt bzw. verabschiedet. Von hier geht's direkt auf den Deich. Linkerhand liegt Europas größter Yachthafen, danach heißt es nur noch, den Schafen ausweichen und hin und wieder Weidezaunpforten öffnen (und wieder schließen). Zur Elbe hin dehnt sich ein Süßwasserwatt, landeinwärts die Marsch, durchzogen von der Binnenelbe. Die war mal der Hauptstrom, doch im Laufe der Jahrhunderte hat sich der Fluss nach Süden verlagert. Rotschenkel, Schnepfen, Schwalben sieht man häufig, auch Regenpfeifer oder Enten brüten hier. Im Winter rasten Wildgänse in der Marsch, und selbst See- wie Fischadler wurden gesichtet. An der Hetlinger Schanze finden Sie die vom Nabu geführte *Carl-Zeiss-Vogelstation (April–Okt. Mi, Sa/So 10–16 Uhr, www.nabu-hamburg.de).* **Insider Tipp**

Das Sperrwerk an der Pinnau ist nur im Sommer passierbar, sonst geht es von hier landeinwärts über Audeich, Klevendeich, Moorreger Deich, Haselweg, Kirchenstraße, Glinder Weg, Pinneberger Chaussee und Appen bis nach *Pinneberg,* wo die S-Bahn hoffentlich wartet.

Angesagt!

**Events, Meetings und Aktionen,
die Sie kennen und nicht verpassen sollten**

Eiskalte Lieblinge

Sie wissen nicht, bei welcher Gelegenheit das Lied »In Hamburg saagt man tschüüüß ...« Pflichtprogramm ist? Dann müssen Sie dringend zu den Freezers. Die Eishockeytruppe vereint alle Generationen in der Color Line Arena. *Saison Sept.–März, Karten 15–35 Euro (Ticket Hotline: Tel. 300 51 510).* Heißer Tipp für die Eiszeit: Billigkarten kaufen, ins Restaurant über den Fanblocks umziehen, einen Kaffee schlürfen und mitsingen ...

Und ab geht's ...

Die Stadt gehört dir, Skater. Im Sommer an jedem zweiten Dienstag rund um die Binnenalster *(20 bis 22 Uhr, www.tuesday-late-skate. de)*. Das reicht noch nicht? Dann auf zum Hafen-City-Marathon oder zur Alsterquelle und vielen anderen Zielen. Infos: *Hamburger-Inline-Skating-Schule, Tel. 428 38 36 05, www.inline-skating-schule.de*. Der Treff für Stuntskater ist das *Thomas-*

i-Punkt Skateland: 1500 m²-Halle mit Halfpipe, Miniramp, Grindrails usw. *(Spaldingstr. 131, Mo–Fr 15 bis 20, Sa/So 13–20 Uhr, Eintritt wechselnd, ca. 3 Euro, Tel. 23 44 58, www.i-punktskateland.de).*

Am Elbufer abhängen

Ein lauer Sommerabend – und wo sind dann die Hamburger? Natürlich am Elbufer, irgendwo zwischen Wittenberge und den Beach-Clubs an der Großen Elbstraße – am besten mit rauchendem Grill und einem Kasten Astra. Wichtigster Szenetreffpunkt ist seit Jahrzehnten die *Strandperle* bei Övelgönne, eine kleine Bierbude am Strand. Bei starkem Hochwasser läuft sie gerne voll. Zum Glück gibt es das im Sommer eher selten *(an der Treppe Himmelsleiter, April–Okt.).*

Vive la littérature!

Von wegen Kulturmuffel – die Hamburger lieben Literaturlesungen. Die legendäre »Jägermeisterschaft« des *Machtclubs* (5 Min. Zeit für einen Vortrag zum Thema Jagd) findet jeden zweiten Dienstag im Malersaal des Schauspielhauses statt. Poetry-Slam-Fans treffen sich jeden letzten Dienstag im Monat im *Molotow* auf der Reeperbahn. Vor allem Hamburger Autoren präsentiert das schöne Literaturcafé *Mathilde (Bogenstr. 5, www.mathilde-hh.de,)* mit vielen Büchern und leckerem Kuchen.

Von Anreise bis Wetter

Hier finden Sie kurz gefasst die wichtigsten Adressen und Informationen für Ihre Hamburg-Reise

ANREISE

Flugzeug

Der Flughafen Hamburg wird von vielen internationalen Linien direkt angeflogen, zu allen großen deutschen Städten besteht ein Linienflugdienst (München und Frankfurt im Stundentakt). *Flugplaninfo: Tel. 507 50, www.airport.de.* Der Flughafen ist (noch) nicht an das U- bzw. S-Bahnnetz angeschlossen. Die City erreichen Sie mit einem Bus des HVV (dann U-Bahn) oder direkt mit dem *Aiport Express (ca. 5 Euro, alle 15 Min., drei Linien).* Eine *Taxifahrt* in die Stadt dauert ca. 30. Min. und kostet je nach Ziel 20–30 Euro.

Bahn

Hamburg besitzt drei überregionale Bahnhöfe: Hauptbahnhof, Dammtor und Altona. Stündliche Ankunft der ICEs und Intercityzüge aus allen deutschen Großstädten. Die Fahrzeit aus Frankfurt beträgt ca. 3:30 Std., aus München 5–6 Std., aus Berlin teilweise sogar nur noch 90 Min.

Auto

Von Süden über die A 7 aus Richtung Kassel/Hannover; von Westen über die A 1 aus Richtung Bremen. Wenn Sie von Süden oder Westen anreisen, kann der Elbtunnel vor allem am Wochenende trotz der neuen vierten Röhre immer mal wieder zum Hindernis werden. Von Norden über die A 7 aus Richtung Flensburg; von Osten aus Richtung Berlin über die A 24.

AUSKUNFT

Hamburg-Hotline

Postfach 10 22 49, 20015 Hamburg, Mo–Sa 9–19 Uhr, Tel. 040/ 30 05 13 00, Fax 30 05 13 33, www.hamburg-tourismus.de

Tourist Informationen

– im Hauptbahnhof **[109 F4]**, *Ausgang Kirchenallee, Mo–Sa 8–21, So 10–18 Uhr, Tel. 30 05 13 00*
– St. Pauli-Landungsbrücken **[108 A6]**, *zw. Brücke 4 und 5 , tgl. 10 bis 18, Di, Do–Sa bis 19 Uhr*
– am Flughafen **[110 A3]**, *Terminal 4, tgl. 5.30–23 Uhr*

FUNDBÜRO

Bahrenfelder Str. 254–260 **[121 D4]**, *Tel. 428 11 35 01, Mo 9–16, Di/Mi bis 13, Do bis 18 Uhr; Bahnhof Altona, Metrobus 2, Gaußstraße*

Internetseiten gibt es zahllose, hier die wichtigsten zum Einstieg:
www.Hamburg.de
www.hamburg-tourismus.de
www.hamburg-magazin.de
Gute Online-Veranstaltungskalender gibt es hier:
www.mopo.de
www.hamburg-live.de
www.szene-hamburg.de
Öffentliche Verkehrsmittel und den Flughafen bekommt man über:
www.hvv.de, www.ham-airport.de
Die alternative Szene der Stadt wird vertreten durch:
www.rettet-die-elbe.de
www.elbbucht.de

INTERNETCAFÉS

Hamburg ist die deutsche Stadt mit den meisten Hotspots, also kabellosen Internetzugängen. Sie finden das Logo in vielen Cafés, Kneipen, Restaurants und Hotels sowie in den Bücherhallen. Weitere Infos dazu unter *www.hamburg-hotspot.net.*

Match Games [122 C2]
Spielenetzwerk und Internetcafé. *Mo–Fr 11–24, Sa/So ab 14 Uhr, Rothenbaumchaussee 61, Tel. 41 49 76 26, www.matchgames.de, U 1, Hallerstraße*

Saturn-Elektromarkt [109 F4]
Internetzugang in Hamburgs größtem Elektromarkt. *Mo–Sa 9.30–20 Uhr, Mönckebergstr. 1, S- und U-Bahn Hauptbahnhof*

Spiele Netzwerk [122 B2]
Groß und stark frequentiert, in Eimsbüttel. *Tgl. 10–4 Uhr, Kleiner Schäferkamp 24, Tel. 450 38 210,* *www.spielenetzwerk.com, U 2 und 3, Schlump*

KARTENVORVERKAUF

Theaterkasse Alsterhaus, *Jungfernstieg 20* [109 D4], *Tel. 35 35 55*
Kurt Collien, *Eppendorfer Baum 25* [114 C5], *Tel. 48 33 90*
Konzertkasse Gerdes, *Rothenbaumchaussee 77* [122 C2], *Tel. 45 03 50 60*
Kartenhaus, *Schanzenstr. 5* [122 A3], *Tel. 43 59 46, www.kartenhaus.de*
E. Schuhmacher, *Colonnaden 37* [109 D3], *Tel. 34 30 44*

NOTFALL

Notruf, *Tel. 112*
Ärztlicher Notfalldienst, *tgl. 19–7, Mi 13–7 Uhr: Tel. 22 80 22*
Notfallpraxis, *Stresemannstr. 54* [122 A3], *Mo, Di, Do, Fr 19–24, Mi 13–24, Sa/So, Fei 7–24 Uhr*
Krankenwagen, *Tel. 192 22*
Zahnärztlicher Notfalldienst, *Tel. 0180/505 05 18*
Tierärztlicher Notfalldienst, *Tel. 43 43 79*
Info: *www.notruf-hamburg.de*

ÖFFENTLICHE VERKEHRSMITTEL

Mit einer HVV-Karte können Sie alle öffentlichen Verkehrsmittel nutzen: S-Bahn, U-Bahn, Busse, Elbfähren und Regionalzüge. Karten gibt es für Lang- und Kurzstrecken, zu kaufen meist am Automaten. Die meisten Linien fahren in der Hauptverkehrszeit alle 10 Minuten oder sogar häufiger. An Wochenenden, abends und in der Nacht (es gibt keine Nachtpausen mehr) sind die Zeitabstände sehr viel größer.

Empfehlenswert: die *Hamburg-Card* (gibt es auch am Automaten), die freie Fahrt mit öffentlichen Verkehrsmitteln sowie freien oder ermäßigten Eintritt in viele Museen, bei Stadt-, Hafen- und Alsterrundfahrten bietet. *Pro Person und Tag: 7,80 Euro, als Gruppenkarte (5 Personen pro Tag): 11,20 Euro.* Die Variante für unter 30-Jährige heißt *Power-Pass (am ersten Tag 8,30 Euro, jeder weitere Tag 4,80 Euro).*

Neu und gut für alle, die auch außerhalb der Stadtgrenzen aktiv sein wollen, ist die *Metropol-Card.* Sie gilt für das gesamte Umland und bietet viele Ermäßigungen bzw. freien Eintritt *(39,90 Euro, gültig an drei Tagen, die frei innerhalb von einer Woche wählbar sind).* Sie gibt es in den Direktverkaufsstellen des HVV (an vielen S- und U-Bahnhöfen) und den Touristinformationen. Kaufhotline: *Tel. 30 05 12 48*

Eine telefonische Fahrplanauskunft gibt es rund um die Uhr unter: *Tel. 194 49* (allerdings oft besetzt). Schneller ist die Auskunft per SMS: Einfach *Start!Ziel!* (mit Ausrufungszeichen dazwischen) eingeben und (je nach Provider) an folgende Nummer senden: T-Mobile: *0175/360 99 99*, Vodafone: *0173/882 99 99*, E-Plus: *0178/ 360 99 99*, O2: *0179/453 45 88*.

RUNDFLÜGE

Es gibt zahlreiche Möglichkeiten, Hamburg von oben zu entdecken: *Wasserflugzeug »Himmelsschreiber«* im Sportboothafen am Baumwall. *Di–So 10–18 Uhr, Flugdauer 30 Min., pro Person ca. 85 Euro, Kinder 40 Euro, Tel. 37 83 41, www.himmelsschreiber.de* Lufthansa Ju 52 Team *(»Tante Ju«).* Rund- und Streckenflüge. *April bis*

Okt. *(rechtzeitig buchen), Flugdauer 30 Min., 159 Euro/Person, Tel. 50 70 17 17, www.lufthansa-ju52.de Ballons über Hamburg.* Heißluftballonfahrten. *April–Okt., im Winter auf Anfrage, Fahrtdauer ca. 1,5 Std., ab 159 Euro pro Person, Tel. 48 46 77, www.ballons-ueber-hamburg.de*

SPORT

Fitness & Wellness

Viele Hotels öffnen ihre Wellness-, Pool- und Saunabereiche auch für Tagesgäste. Tarife und Konditionen jedoch wechseln ständig. Immer offen und gut: *Meridian Spa, Mo, Mi, Fr 7–23, Di, Do 9–23, Sa/So bis 22 Uhr, Tageskarte inkl. Fitnessclub 30 Euro, Quickbornstr. 26, Tel. 65 89 13 50, www.meridianspa.de*

Golf [126 B3]

Hamburgs erste Adresse ist der noble Club auf dem Falkenstein in Rissen. Mitglieder anderer Clubs (mit Mitgliedsausweis) werden wochentags akzeptiert. *Hamburger Golf-Club e. V. Falkenstein, In de Bargen 59, Tel. 81 21 77*

Rad fahren

Die Stadt eignet sich gut für Radtouren, es gibt gut ausgebaute Radwege, auch mit Kindern sind längere Touren kein Problem. In den öffentlichen Verkehrsmitteln (auch in einigen Bussen) können Sie Räder umsonst mitnehmen *(außer Mo–Fr vor 9 und 16–18 Uhr)*. Vorschläge für Routen gibt's in der Geschäftsstelle des Hamburger Abendblatts am Rathausmarkt und beim ADFC, der prima Einsteigertouren vorschlägt. *Tel. 39 39 33, www.hamburg.adfc.de, Infoline für tägliche, geführte Touren: Tel. 390 70 50*

Fahrradverleih (gegen Kaution und Personalausweis) bei der Deutschen Bahn, im Hauptbahnhof neben dem Reisezentrum, *ab 8 Euro/Tag, Tel. 391 85 04 75, tgl. 7–21.30*

Hamburg – »erlesen«

Interessante Bücher zur Hansestadt

Unterhaltsam sind die historischen Krimis von Petra Oelker: von »Tod am Zollhaus« bis »Die englische Episode«. Spannend auch Boris Meyns Krimi um Auswanderer und Hafenerweiterung: »Der eiserne Wal«. Wer sich für Literatur interessiert, findet in »Hamburg-Spaziergänge« von Anna Brenken und Egbert Kossak zahlreiche Hinweise. Ein historisches Standardwerk schrieb Eckart Kleßmann: »Geschichte der Stadt Hamburg«. Ralph Giordano erzählt in »Die Bertinis« vom Schicksal einer halbjüdischen Familie im Nationalsozialismus. Eine Liebeserklärung an die Stadt hat der langjähriger Chefredakteur der »Zeit«, Theo Sommer, geschrieben: »Hamburg«. Aus dem Alltag einer jüdischen Familie der 1960er-Jahre erzählt Viola Roggenkamp: »Familienleben«. Einen kritischen Blick hinter die Kulissen des FC St. Pauli wirft der Jounalist Christoph Ruf: »Die Untoten vom Millerntor«.

Uhr; Fahrradstation Dammtor/Rothenbaum, Schlüterstr. 11 **[122 C2]**, Tel. 41 46 82 77, ab 3 Euro/Tag. Dort liegt die kostenlose Broschüre »Hamburg mit dem Fahrrad erleben« aus.

Schlittschuh laufen, Skaten [108 A3–4]

Die Kunsteisbahn in Planten un Blomen ist im Sommer offen für Rollschuhläufer und Skater *(4. Nov. bis März tgl. vier Laufzeiten: 10 bis 12, 13–15, 16–18, 20–22 Uhr. Erw. 3,10 Euro, Schüler 2,05 Euro. Eisbahn Große Wallanlagen, Holstenwall, Tel. 319 35 46, U 3, St. Pauli; Bus 112, Handwerkskammer*

Schwimmen

Holthusenbad mit Wellenbad, beheizten Außenbecken, Sauna und einer Warmwassertherme (Fr ab 19 Uhr mit Kerzenlicht und klassischer Musik); *Goernestr. 21* **[114 C5]**, *U 1, U 3, Kellinghusenstraße.* Viel größer, wenn auch nicht so schön: *Alsterschwimmhalle, Ifflandstr. 21* **[123 F3]**, *U 1 und 2, Lübecker Straße.* Im Sommer Naturbad Stadtparksee, *Süding 5b* **[115 F4]**, *U 3, Saarlandstraße. Tel. für alle Hamburger Bäder: 18 88 90*

Segeln & Paddeln

Hamburg hat wunderbare Segel- und Paddelreviere, und es gibt zahlreiche Bootsverleiher. Die Außenalster hat ihre Tücken: Da gibt es Böen und Alsterdampfer, und Regattasegler nehmen oft wenig Rücksicht. Zum Mieten einer Segeljolle (ab 15 Euro/Std.) brauchen Sie einen Segelschein. Die Paddelboote (9 Euro/Std.) bekommt jeder.
– *Bobby Reich, Fernsicht 2* **[115 D6]**, *Tel. 48 78 24*

Was kostet wie viel?

Cappuccino	**2,50 Euro** für eine Tasse im Café
Eis	**2 Euro** für zwei Kugeln
Wein	**ab 3 Euro** für ein Glas im Lokal
Pizza	**ab 6 Euro** im Restaurant
Schiffstour	**ca. 8,50 Euro** für eine Hafenrundfahrt
Busfahrt	**1,55 Euro** für die einfache Fahrt

– *Segelschule Pieper, Atlanticsteg* **[123 D4]**, *Tel. 24 75 78, www.segelschule-pieper.de*
– *Bootswerft Dornheim, Kaemmererufer 25* **[115 D5]**, *Tel. 279 41 84*

Wasserski [126 C4]

Der Hit im Sommer ist die Wasserskianlage auf einem Baggersee (bei gutem Wetter sehr voll). *März–Okt. tgl. ab 12, Sa/So ab 10 Uhr, Neuländer Baggerteich 3 (Harburg), ab 25 Euro, Tel. 303 85 80, www.wasserski-hamburg.de, Bahnhof Harburg, Bus 149, Großmoorbogen*

STADTRUNDFAHRTEN

Angeboten werden diverse Rundfahrten: von 1–2 $\frac{1}{2}$ Std. mit dem normalen Bus, über 90 Min. mit der Hummelbahn oder dem Roten Doppeldecker bis zur 3-stündigen Lichterfahrt am Abend. Die meisten Rundfahrten beginnen am Hauptbahnhof, *Abfahrt stdl., Ausgang*

Kirchenallee [109 F4], andere (Roter Doppeldecker) an den Landungsbrücken [108 A6] und kosten um 13 Euro pro Person. Bei fast allen Veranstaltern kann man die Touren unterbrechen und mit einem anderen Bus wieder aufnehmen. *Hummelbahn, Roter Doppeldecker, Tel. 792 89 79; Hamburg Rundfahrt, Tel. 641 37 31*

Insider Tipp Etwas Besonderes sind die Insidertouren von Jasperreisen. Die »Gigantentour« bringt Sie zu den Schiffen und Containern auf die Kaianlagen. *Sa/So, Dauer 3 Std., Abfahrt Haltestelle Vorsetzen/Überseebrücke, 23 Euro/Pers., Personalausweis erforderlich, Tel. 22 71 06 10*

Stadtrundgänge

Stattreisen Hamburg e. V. bietet Rundgänge mit Infos zu nicht alltäglichen Themen *(Tel. 430 34 81, www.stattreisen-hamburg.de).*
Stadtrundgänge vom *Hamburger Gästeführerverein (Infoline: Tel. 601 84 80, www.hamburg-stadtfuehrungen.de).*
StadtkulTour: Volker Roggenkamps Rundgänge auf den Spuren Heinrich Heines oder in der Speicherstadt als Nachtwächter sind legendär. *Tel. 36 62 69, www.hamburger-nachtwaechter.de*
Geführte Joggingtour: Während der Lauftour durch die Innenstadt (ca. 1 Std.) zeigt Triathlet Gösta Dreise die Sehenswürdigkeiten. *Ab 13 Euro, ganzjährig, Tel. 439 53 23*

TAXI

Taxiruf Hamburg: *44 10 11*, Hansa Funktaxi: *21 12 11*, Taxi Hamburg: *66 66 66*, das taxi: *61 11 22*. Sie können in jedem Nachtbus für die Reststrecke ein Taxi zur gewünschten Haltestelle anfordern.

TELEFON

Vorwahl für Hamburg: *040*

Wetter in Hamburg

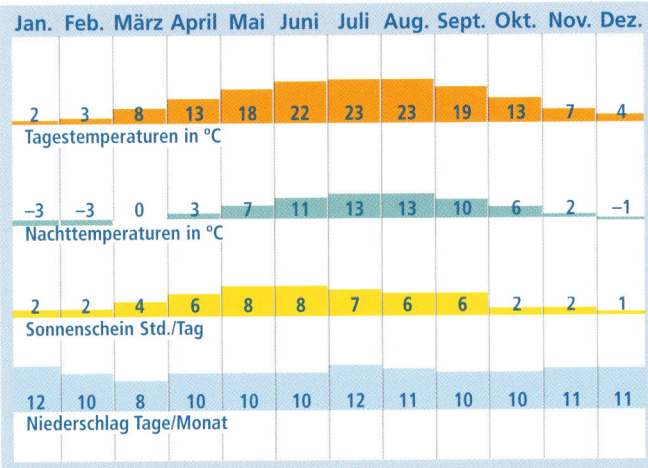

	Jan.	Feb.	März	April	Mai	Juni	Juli	Aug.	Sept.	Okt.	Nov.	Dez.
Tagestemperaturen in °C	2	3	8	13	18	22	23	23	19	13	7	4
Nachttemperaturen in °C	−3	−3	0	3	7	11	13	13	10	6	2	−1
Sonnenschein Std./Tag	2	2	4	6	8	8	7	6	6	2	2	1
Niederschlag Tage/Monat	12	10	8	10	10	10	12	11	10	10	11	11

Cityatlas
Hamburg

**Die Seiteneinteilung für den Cityatlas finden Sie
auf dem hinteren Umschlag dieses Reiseführers**

Mit freundlicher Unterstützung von

sie wollen mehr sehen im urlaub?

Bebaute Fläche
Built-up area   Terrain bâti

Öffentliche Gebäude
Public Building   Bâtiment public

Industriegelände
Industrial area   Zone industrielle

Wald   Park
Wood   Bois   Park   Parc

Sportplatz   Kleingarten
Sports field   Allotment ground
Terrain de sports   Jardins particuliers

Friedhof
Cemetery   Cimetière

Autobahn und Schnellstr.
Motorway   Motorroad
Autoroute   Route à plusieurs voies

Bundesstraße
National road   Route nationale

Ring 1, 2, 3
Traffic-Ring   Boulevard périphérique

Hauptstraße
Main road   Route principale

Stadtgrenze
Municipal boundary   Limite municipale

Eisenbahn
Railway   Chemin de fer

S-Bahn
Suburban railway   Train regional

U-Bahn
Underground   Métro

Einbahnstraße
One way street   Sens unique

Buslinie
Bus route   Autobus

Stadtspaziergänge
Walking tours   Promenades en ville

Fußgängerzone
Pedestrian precinct   Zone piétonne

Ev. -   Kath. Kirche
Protestant church   Catholic church
Église protestante   Église catholique

Sonstige Kirchen
Other churches   Autres Églises

Post
Post office   Bureau de poste

Polizeiwache
Police Station   Poste de Police

Krankenhaus
Hospital   Hôpital

Schule
School   École

Öffentliche Bibliothek
Public library   Bibliothèque publique

Feuerwache
Fire station   Poste de pompiers

Parkplatz
Car park   Parking

Parkhaus
Multi-storey car park   Parking à plusieurs étages

Park and Ride
Parkplatz an S- und U-Bahnhöfen

Theater
Theatre   Théâtre

Hallenbad
Indoor swimming pool   Piscine couverte

Freibad
Open-air swimming pool   Piscine de plain air

Informationsbüro
Information centre   Bureau de renseignements

Die Kartenprojektion (Hyperboloid)
bewirkt eine Maßstabsveränderung von der Innenstadt zu den Außenbezirken.
Dadurch kann das Stadtzentrum lesbarer dargestellt werden (Lupeneffekt).

Das schwarze Gitternetz dient zum Messen der Entfernungen; der Abstand
von Linie zu Linie beträgt genau einen Kilometer.

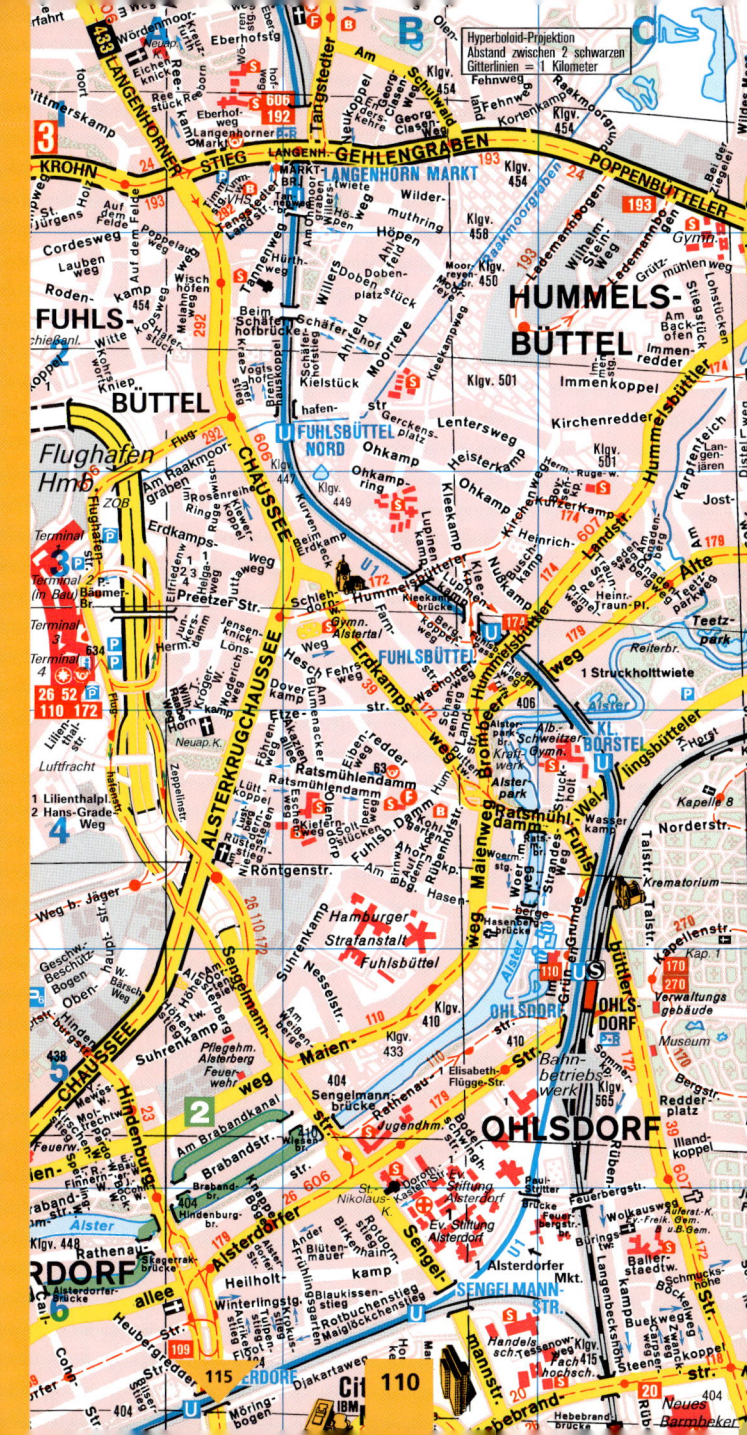

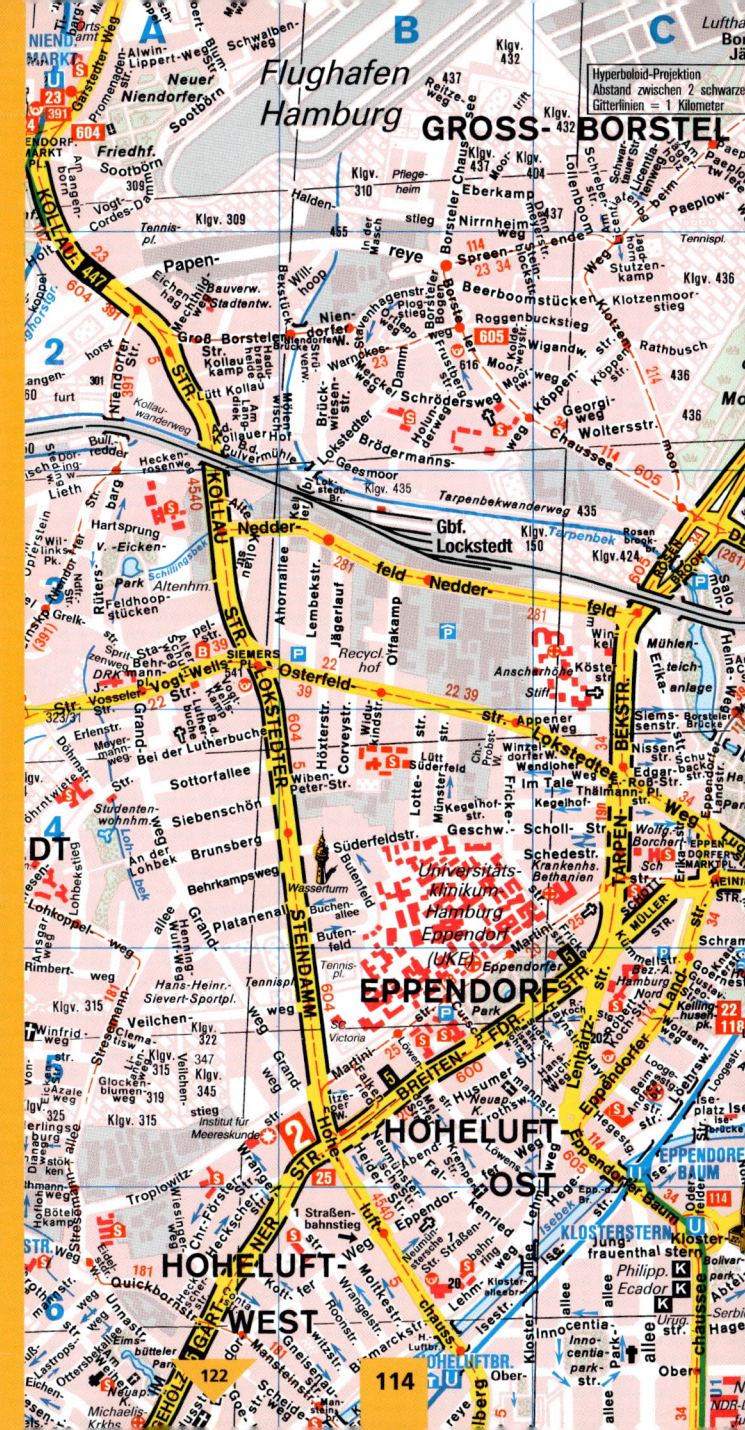

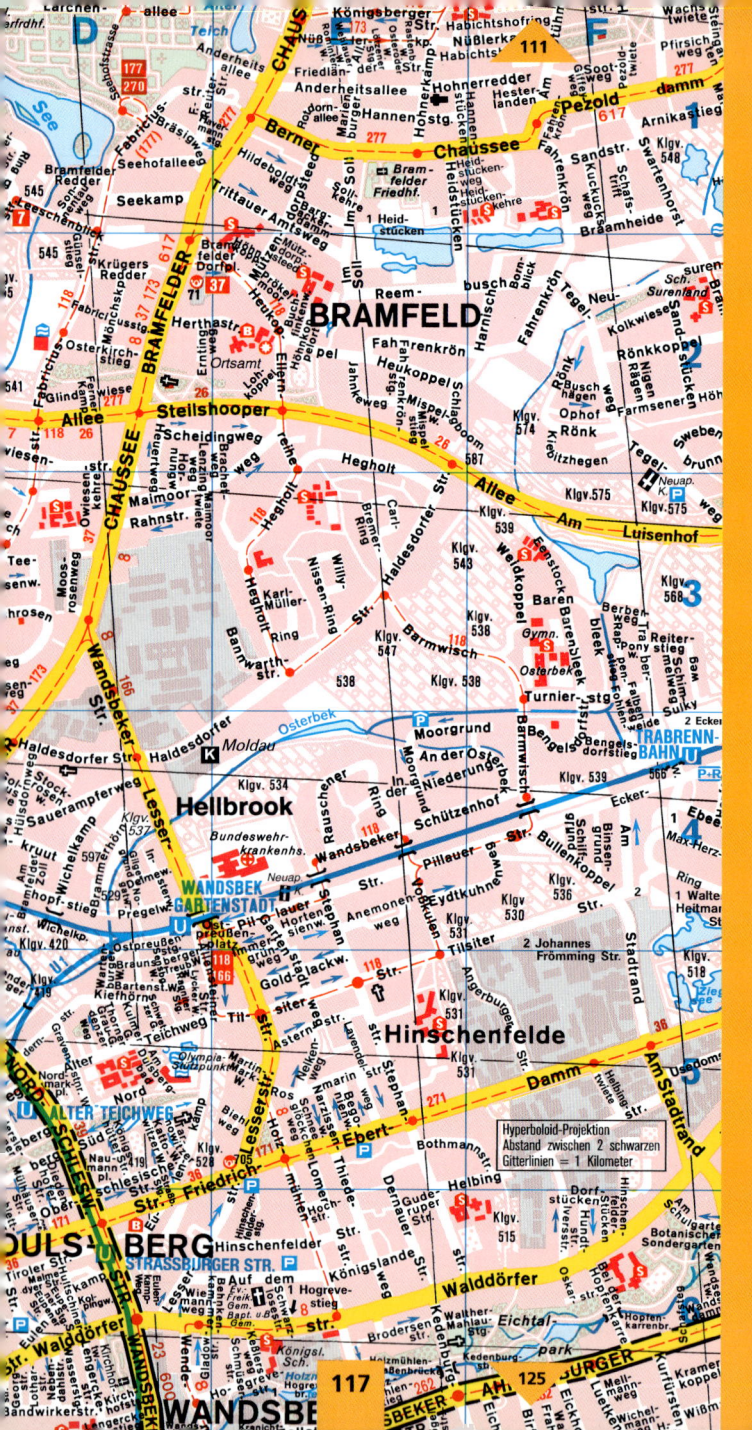

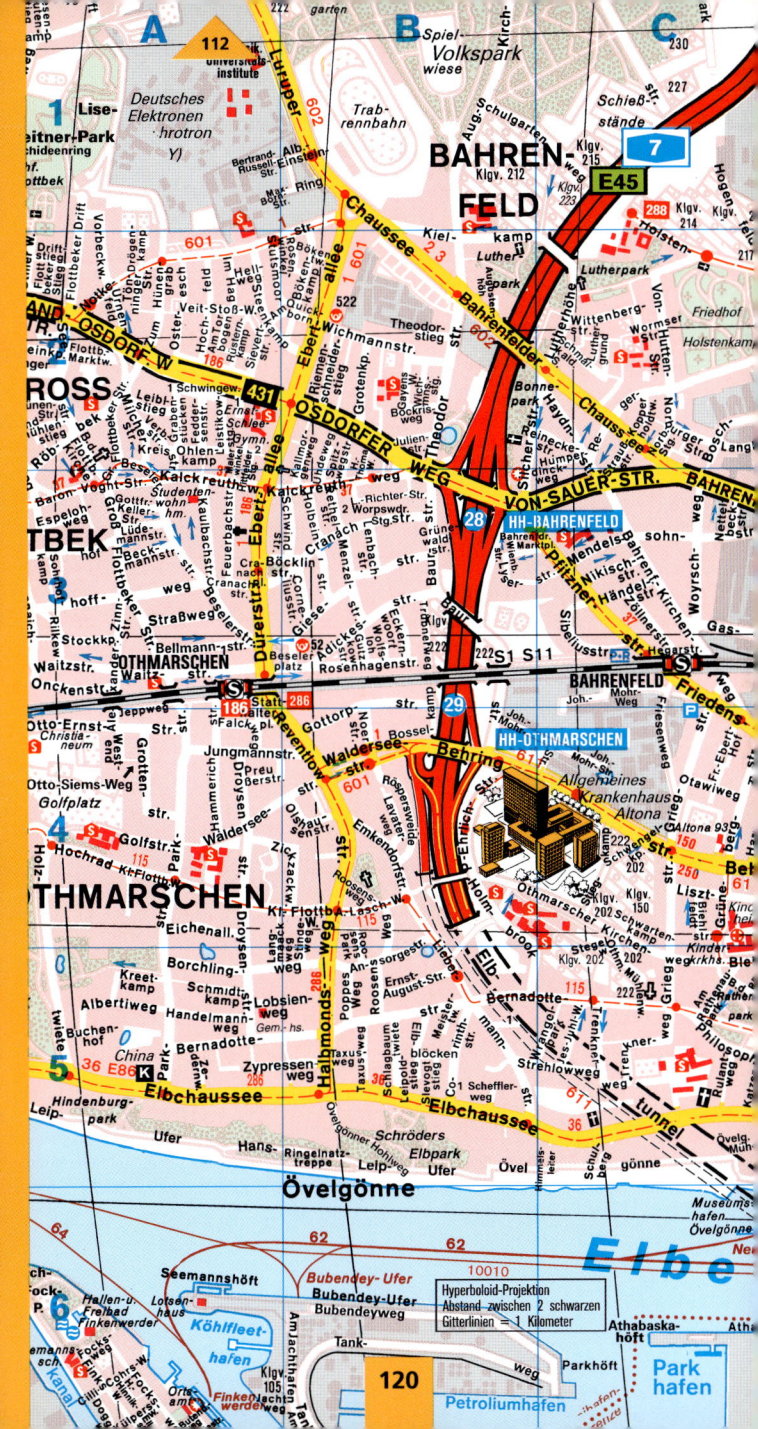

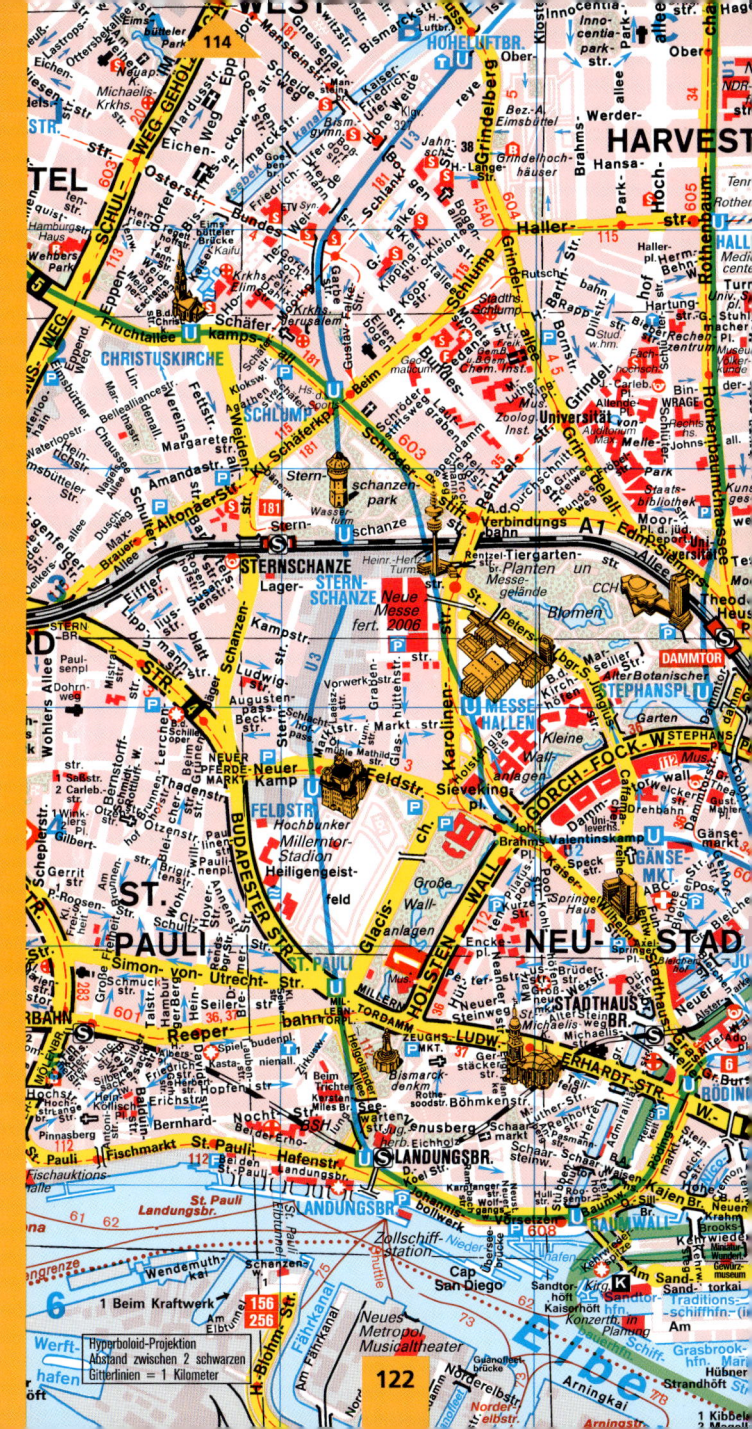

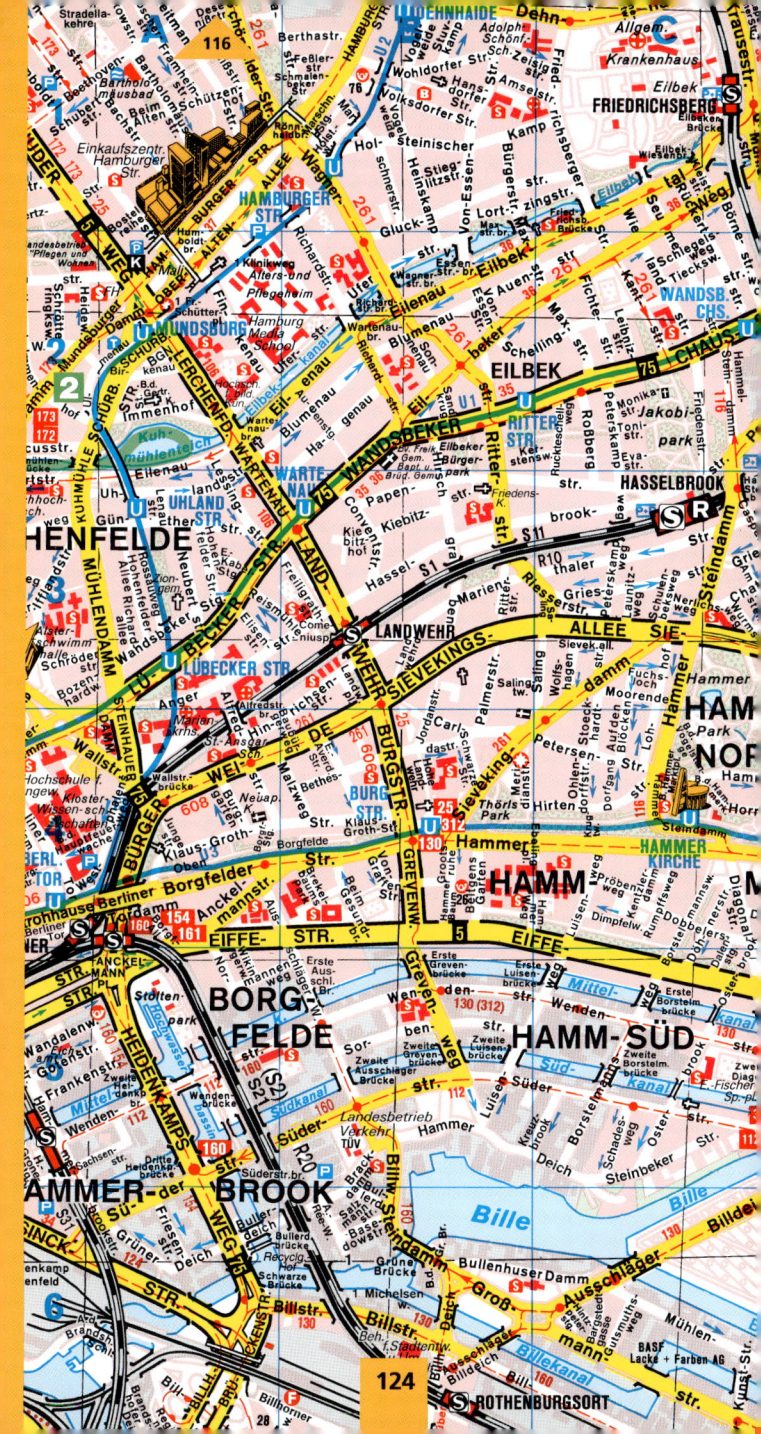

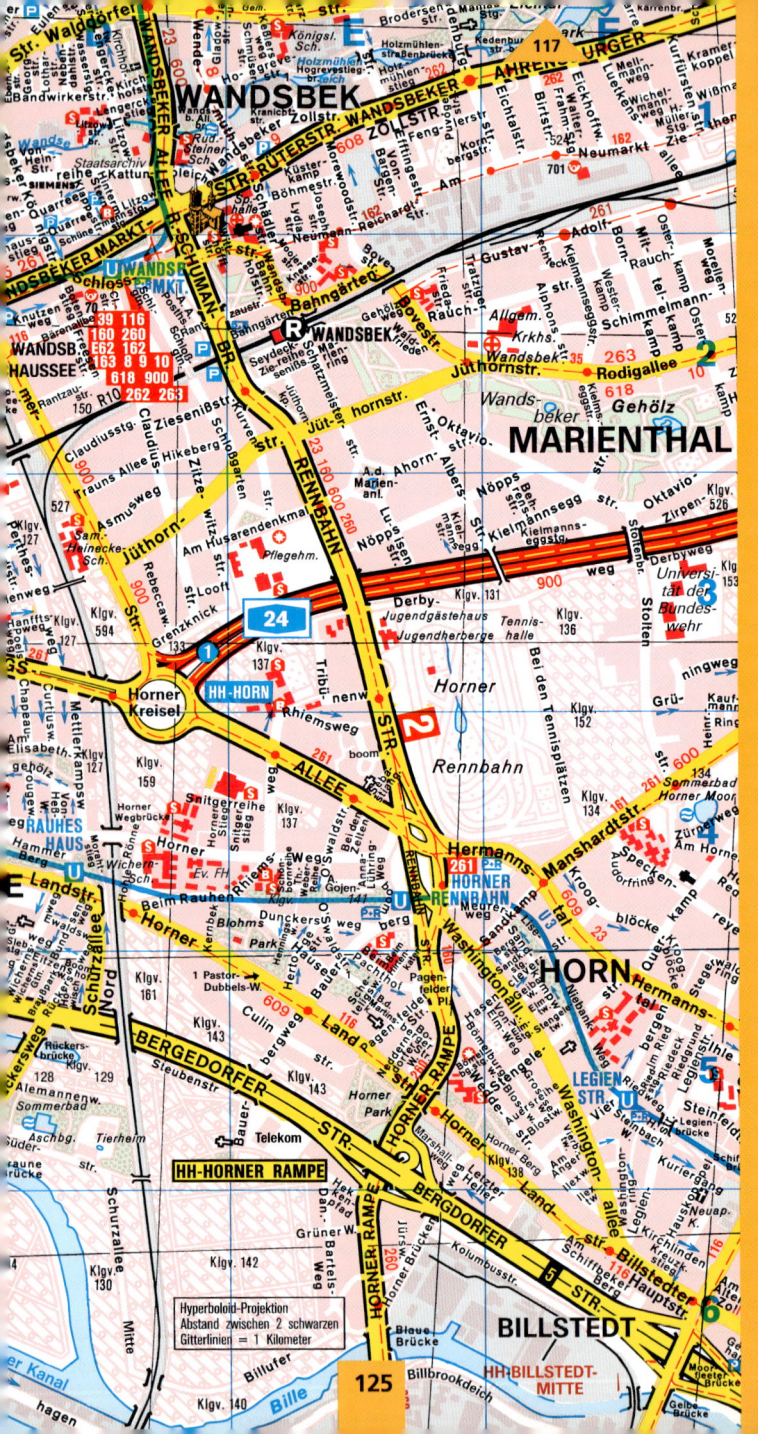

Das Register enthält eine Auswahl der im Cityatlas dargestellten Straßen und Plätze

A

ABC-Str. **108/C3**
Achtern Styg **112/A6**
Ackermannstr. **123/F3**
Adenauerallee **123/E5-F4**
Adickesstr. **120/B3**
Admiralitätsstr. **108/C5**
Adolph-Schönfelder-
Str.**116/A6-124/A1**
Adolphsplatz **109/D5**
Ahornstr. **125/E3**
Ahrenburger Str.
117/E6-125/F1
Alexander-Zinn-Str.
120/A3-A4
Alfredstr. **124/A3-A4**
Alpenrosenweg
112/B2-B3
Alsenplatz **121/F3**
Alsenstr. **121/F3**
Alsterarkaden **109/D4**
Alsterchaussee **123/D1**
Alsterdorfer Damm
115/D2
Alsterdorfer Str.
115/E2-116/A1
Alsterglacis **109/D2**
Alsterkamp **123/D1**
Alsterkrugchaussee
110/B3-115/D2
Alsterterrassen **109/D2**
Alstertor **109/E4**
Alstertwiete **109/F2-F3**
Alsterufer
109/D2-123/D2
Alsterweg **111/D2**
Alte Landstr.
110/D3-111/F1
Alte Rabenstr. **123/D2**
Alte Wöhr **116/A4-B3**
Alter Fischmarkt **109/E5**
Alter Steinweg
108/B4-C4
Alter Teichweg
116/C6-117/D5
Alter Wall
108/C5-109/D4
Altmannbrücke **109/F4**
Altonaer Poststr. **121/E5**
Altonaer Str. **122/A3**
Altstädter Str. **109/E5-F5**
Am Brabandkanal **115/E1**
Am Diebsteich **121/D2-E2**
Am Dulsbergbad **117/D5**
Am Eiland **118/A5**
Am Husarendenkmal
125/D3-E3
Am Karpfenteich
110/C2-C3
Am Kiekeberg **118/B3-B4**
Am Krähenberg **118/B2**
Am Landpflegeheim
119/E1-E2
Am Neumarkt **125/E1-F1**
Am Osdorfer Born
119/D1-E1
Am Quickborn **120/A2-B2**
Am Rathenaupark **120/C5**
Am Sandtorkai
108/C6-109/D6
Am Schulwald **110/B1**
Am Sorgfeld **118/B1-B2**
Am Stadtrand **117/F5**

Am Ziegelteich **121/E1**
Amsinckstr.
123/E5-124/A6
An der Alster
109/F3-123/E3
An der Marienanlage
125/E2-E3
An der Verbindungsbahn
108/B1
Angerburger Str. **117/F5**
Ankelmannplatz **124/A5**
Ankelmannstr. **124/A4**
Anne-Frank-Str.
118/A2-B3
Ansorgestr. **120/B4-B5**
Antonistr. **122/A5**
Arndtstr. **123/F1**
Arnoldstr. **121/D5**
Auenstraßen **124/B2-C2**
Auf dem Felde
110/A1-A2
Auf den Königslande
117/D6-E6
Auf dem Sande **109/D6**
Auguste-Baur-Str.
118/B3-C3
Augustenburger Str.
121/E3-F3
August-Kirch-Str.
112/C6-120/B1
Auschläger Billdeich
124/C6-125/D6
Ausschläger Weg
124/A4-B5
Averhoffstr. **123/F2**
Axel-Springer-Platz
108/C4

B

Baakenbrücke **123/D6**
Babendiekstr. **118/B2**
Bäckerbreitergang
108/B3-B4
Badestr. **122/D2**
Bahngärten **125/E2**
Bahrenfelder Chaussee
120/B2-121/D3
Bahrenfelder Kirchenweg
120/C3
Bahrenfelder Marktplatz
120/B3-C3
Bahrenfelder Steindamm
121/D3
Bahrenfelder Str.
121/D3-E5
Balduinstr. **122/A5**
Ballindamm **109/D4-E3**
Bandwirkerstr. **125/D1**
Bärenallee **125/D2**
Bargfredestr. **118/C2**
Barmbeker Markt **116/B6**
Barmbeker Str. **115/D4-F6**
Barmbeker-Ring-Brücke
116/B3-B4
Barmwisch **117/E3-F4**
Barnerstr. **121/D4-E4**
Baron-Voght-Str.
119/F4-120/A3
Basselweg **113/E4-E5**
Bauerbergweg **125/E5**
Baumacker **112/C1-C2**
Baumwall **108/B6**
Baurs Park **118/C5**
Baurs Weg **118/C5**

Baurstr. **120/B3-B4**
Bebelallee **115/D4-E2**
Behnstr. **121/E5**
Behringstr.
120/B4-121/D4
Behrkampsweg **114/A4**
Bei dem Neuen Krahn
108/C6
Bei den Kirchhöfen
108/B2
Bei den Mühren **109/D6**
Bei den St.-Pauli-Lan-
dungsbrücken
108/A6-122/A5
Bei der Börse **109/D5**
Bei der Flottbeker Kirche
120/A2-A3
Bei der Lutherbuche
114/A4
Bei der Petrikirche **109/E4**
Bei St. Annen **109/E5-E6**
Beim Alten Schützenhof
124/A1
Beim Rauhen Hause
125/D4-E5
Beim Schäferhof
110/A2-B2
Beim Schlump **122/B2**
Beim Strohhause **123/F4**
Belleallianceestr. **122/A2**
Bellevue **115/D6-E6**
Bellmannstr. **120/A3**
Bergedorfer Str.
125/D5-F6
Bergstraße **108/D4**
Berliner Tordamm **124/A4**
Bernadottestr.
120/A5-121/D5
Berner Chaussee
117/E1-F1
Bernhard-Nocht-Str.
122/A5-B5
Bernstorffstr. **122/A2-A3**
Beselerplatz **120/B3**
Beselerstr. **120/A2-A3**
Billbrookdeich **125/E6-F6**
Billhorner Brückenstr.
124/A6
Billstedter Hauptstr.
125/F6
Billstr. **124/A6-C6**
Billwerder Steindamm
124/B5-B6
Bilser Str. **115/D2-E2**
Binsbarg **112/C5**
Bismarckstr.
114/B6-122/B1
Blankeneser Bahnhofplatz
118/C3
Blankeneser Bahnhofstr.
118/C5
Blankeneser Hauptstr.
118/B5
Blankeneser Kirchenweg
118/C4-D4
Blankeneser Landstr.
118/B3
Bleichenbrücke **109/C4**
Bleickenallee
120/C5-121/D5
Blomkamp
119/E1-120/A1
Blücherstr. **121/F5**
Blumenau **124/A2-B2**

Bockhorst **119/D3-E2**
Bodenstedtstr. **121/E3-F4**
Bogenstr. **122/B1-B2**
Böhmkenstr. **108/A5-B5**
Borchlingweg **120/A5-B5**
Borgfelder Str. **124/A4-B4**
Borgweg **115/E4-E5**
Bornkampsweg
121/D2-D3
Borselstr. **121/D4**
Börsenbrücke **109/D5**
Borsteler Chaussee
114/B1-C3
Borstelmannsweg
124/C4-C5
Boschstr. **120/C2-121/D2**
Bosselkamp **120/B3-B4**
Bostelreihe **124/A1-A2**
Böttcherkamp **112/A5-A6**
Bovestr. **125/E2**
Braamkamp **115/D3-E3**
Brahmsallee
114/C6-122/C1
Bramfelder Chaussee
111/F4-116/C4
Bramfelder Dorfplatz
117/D2-E2
Bramfelder Str. **116/B6-C4**
Brandsende **109/E3**
Brandstwiete **109/E5**
Brauhausstieg **125/D2**
Brauhausstr.
124/C1-125/D2
Braune Brücke **125/D5**
Bredkamp **118/C2-C3**
Brehmweg **113/E6-F5**
Breite Str. **121/F5**
Breitenfelder Str.
114/B5-C5
Breiter Gang **108/B4**
Brodschrangen **109/D5**
Brombeerweg **110/B4-C3**
Brooktor **109/E6-123/D6**
Brooktorkai **109/E6**
Brunsberg **114/A4**
Buchtstr. **123/F3**
Budapester Str.
122/A4-B5
Bugenhagenstr. **109/F4**
Bundesstr. **122/A1-C3**
Burchardstr. **109/E5-F5**
Bürgerweide
124/A4-B4
Burgstr. **124/B4**
Bussestr. **115/D3**
Butenfeld **114/B4**

C

Caffamacherreihe
108/C3
Caprivistr. **118/B2-C2**
Carl-Cohn-Str. **115/D2-E3**
Carl-Legien-Platz **123/E5**
Carl-Petersen-Str.
124/B4-C4
Caspar-Voght-Str.
125/D3-D4
Chemnitzstr. **121/E4-F4**
Claudiusstieg **125/D2**
Claudiusstr. **125/D2-D3**
Clemens-Schultz-Str.
122/A4
Colonaden **109/D2-D3**
Corinthstr. **120/B5**

Für Ihre nächste Reise gibt es folgende Titel:

Deutschland Allgäu • Amrum/Föhr • Bayerischer Wald • Berlin • Bodensee • Chiemgau/Berchtesgadener Land • Dresden/Sächsische Schweiz • Düsseldorf • Eifel • Erzgebirge/Vogtland • Franken Frankfurt • Hamburg • Harz • Heidelberg • Köln • Lausitz/Spreewald/Zittauer Gebirge • Leipzig • Lüneburger Heide/Wendland • Mark Brandenburg • Mecklenburgische Seenplatte • Mosel • München • Nordseeküste Schleswig-Holstein • Oberbayern • Ostfriesische Inseln • Ostfriesland Nordseeküste Niedersachsen • Ostseeküste Mecklenburg-Vorpommern • Ostseeküste Schleswig-Holstein • Pfalz • Potsdam Rheingau/Wiesbaden • Rügen/Hiddensee/Stralsund • Ruhrgebiet • Schwäbische Alb • Schwarzwald Stuttgart • Sylt • Thüringen • Usedom • Weimar **Österreich/Schweiz** Berner Oberland/Bern Kärnten • Österreich • Salzburger Land • Schweiz • Tessin • Tirol • Wien • Zürich **Frankreich** Bretagne Burgund • Côte d'Azur • Disneyland Paris • Elsass • Frankreich • Französische Atlantikküste • Korsika Languedoc-Roussillon • Loire-Tal • Normandie • Paris • Provence **Italien/Malta** Apulien • Capri Dolomiten • Elba/Toskanischer Archipel • Emilia-Romagna • Florenz • Gardasee • Golf von Neapel • Ischia Italien • Italienische Adria • Italien Nord • Italien Süd • Kalabrien • Ligurien • Mailand/Lombardei • Malta Oberitalienische Seen • Piemont/Turin • Rom • Sardinien • Sizilien/Liparische Inseln • Südtirol • Toskana Umbrien • Venedig • Venetien/Friaul **Spanien/Portugal** Algarve • Andalusien • Barcelona Costa Blanca • Costa Brava • Costa del Sol/Granada • Fuerteventura • Gran Canaria • Ibiza/Formentera Jakobsweg/Spanien • La Gomera/El Hierro • Lanzarote • La Palma • Lissabon • Madeira • Madrid • Mallorca Menorca • Portugal • Spanien • Teneriffa **Nordeuropa** Bornholm • Dänemark • Finnland • Island Kopenhagen • Norwegen • Schweden • Südschweden/Stockholm **Westeuropa/Benelux** Amsterdam • Brüssel • England • Flandern • Irland • Kanalinseln • London • Luxemburg • Niederlande Niederländische Küste • Schottland • Südengland **Osteuropa** Baltikum • Budapest • Estland Kaliningrader Gebiet • Lettland • Litauen/Kurische Nehrung • Masurische Seen • Moskau • Plattensee Polen • Polnische Ostseeküste/Danzig • Prag • Riesengebirge • Rumänien • Russland • Slowakei St. Petersburg • Tschechien • Ungarn **Südosteuropa** Bulgarien • Bulgarische Schwarzmeerküste • Kroatische Küste/Dalmatien • Kroatische Küste/Istrien/Kvarner • Montenegro • Slowenien **Griechenland/Türkei** Athen • Chalkidiki • Griechenland Festland • Griechische Inseln/Ägäis Istanbul • Korfu • Kos • Kreta • Peloponnes • Rhodos • Samos • Santorin • Türkei • Türkische Südküste Türkische Westküste • Zakinthos • Zypern **Nordamerika** Alaska • Chicago und die Großen Seen Florida • Hawaii • Kalifornien • Kanada • Kanada Ost • Kanada West • Las Vegas • Los Angeles • New York San Francisco • USA • USA Neuengland/Long Island • USA Ost • USA Südstaaten • USA Südwest • USA West • Washington D.C. **Mittel- und Südamerika** Argentinien • Brasilien • Chile • Costa Rica • Dominikanische Republik • Jamaika • Karibik/Große Antillen • Karibik/Kleine Antillen • Kuba Mexiko • Peru/Bolivien • Venezuela • Yucatán **Afrika/Vorderer Orient** Ägypten • Djerba/Südtunesien • Dubai/Vereinigte Arabische Emirate • Israel • Jemen • Jerusalem • Jordanien • Kapstadt/Wine Lands/Garden-Route • Kenia • Marokko • Namibia • Qatar/Bahrain/Kuwait • Rotes Meer/Sinai Südafrika • Syrien • Tunesien **Asien** Bali/Lombok • Bangkok • China • Hongkong/Macau • Indien Japan • Ko Samui/Ko Phangan • Malaysia • Nepal • Peking • Philippinen • Phuket • Rajasthan • Shanghai • Singapur • Sri Lanka • Thailand • Tokio • Vietnam **Indischer Ozean/Pazifik** Australien • Malediven • Mauritius • Neuseeland • Seychellen • Südsee

Cityguides Berlin für Berliner • Frankfurt für Frankfurter • Hamburg für Hamburger • München für Münchner • Stuttgart für Stuttgarter **Sprachführer** Arabisch • Englisch • Französisch • Griechisch • Italienisch • Kroatisch • Niederländisch • Norwegisch • Polnisch • Portugiesisch • Russisch Schwedisch • Spanisch • Tschechisch • Türkisch • Ungarisch

Schreiben Sie uns!

Liebe Leserin, lieber Leser,

wir setzen alles daran, Ihnen möglichst aktuelle Informationen mit auf die Reise zu geben. Dennoch schleichen sich manchmal Fehler ein – trotz gründlicher Recherche unserer Autoren/innen. Sie haben sicherlich Verständnis, dass der Verlag dafür keine Haftung übernehmen kann. Wir freuen uns aber, wenn Sie uns schreiben.

Senden Sie Ihre Post an die MARCO POLO Redaktion, MAIRDUMONT, Postfach 31 51, 73751 Ostfildern, info@marcopolo.de

Impressum

Titelbild: Sicht auf die Nikolaikirche (Schapowalow: Atlandide)
Fotos: W. Dieterich (76); R. Freyer (36, 59); S. Gabriel (2 u.); HB Verlag: Argus/Schröder (52, 68, 84), Schröder (39); Hotel Abtei (67); K. Kallabis (16); U. F. Kluyver (U. r., 30, 78, 80, 82, 91); I. Knigge (66); T. Krüger (18, 58); laif: Brunner (2 o., 6), Dombrowski (7, 44, 77), Ebert (17, 28, 95), Gaasterland (10, 98); Mauritius: Hänel (25), Mayer (62), Nebe (U. M., 89), Otto (96), Rosenfeld (U. l., 9, 22, 56); H. P. Merten (1, 86); Nippon Hotel Hamburg (72); D. Renckhoff (4, 5 u., 15, 19, 35); Schapowalow: Atlandide (105); Y. Sol (54); O. Stadler (40); A. Vila (5 o., 12, 32, 38, 71, 92); White Star: Kluyver (46), Pasdzior (50)

13., aktualisierte Auflage 2006 © MAIRDUMONT, Ostfildern
Herausgeber: Ferdinand Ranft, Chefredakteurin: Marion Zorn
Redaktion: Jochen Schürmann, Bildredakteurin: Gabriele Forst
Kartografie Cityatlas: © Falk Verlag, Ostfildern
Vermarktung: MAIRDUMONT MEDIA, media@mairdumont.com
Gestaltung: red.sign, Stuttgart

Bloß nicht!

Wie in jeder Großstadt gibt es auch in Hamburg
Nepp, Bauernfang und Dinge, die man nicht tut
oder nicht tun sollte

Auf die Reeperbahn
nachts ganz allein
Ja, die Reeperbahn ist Hamburgs
Amüsiermeile Nummer eins. Und
ja, Sie können Ihre 18-jährige
Tochter mit Freunden dort in den
Wochenendnächten flanieren
lassen. Trotzdem: Ein bisschen
Vorsicht kann nie schaden, zumal
es in jüngster Zeit zu manchmal
brutalen Übergriffen gekommen
ist. Meiden Sie nachts jeden Streit,
jede Rempelei und die kleinen,
dunklen Nebenstraßen, vor allem,
wenn Sie allein sind.

Drogen kaufen
In der Hafenstadt Hamburg
wird einiges umgeschlagen.
Harte Drogen gehören auch dazu.
In Ihrem eigenen Interesse:
Finger weg!

Am Hauptbahnhof
rumstehen
Ausgang Kirchenallee: notorischer
Treffpunkt von Dealern, Strichern
und anderen finsteren Gestalten.
Stehen Sie hier nicht allzu arglos
herum und passen Sie auf Ihre
Siebensachen auf!

Platt snacken
Reden Sie so, wie Ihnen der
Schnabel gewachsen ist, aber ver-
suchen Sie um Gottes willen nicht
Plattdütsch oder *Missingsch*. Sagen
Sie also Guten Tag oder Grüß Gott,

und lassen Sie das *Moin* oder
gar *Moin Moin* weg, falls Sie
aus Regensburg sind.

In der Rushhour
unterwegs sein
Fahren Sie morgens zwischen
sieben und neun oder abends
zwischen fünf und sieben Uhr
nicht mit dem Auto durch die
Innenstadt. Auch nicht durch den
Elbtunnel. Oder auf irgendeine
der Ausfallstraßen. Die Staus
werden von Jahr zu Jahr schlimmer,
und wenn es dann noch regnet,
kracht es meistens schnell.

Sich unpassend kleiden
Und wenn die Sonne noch so heiß
brennen sollte: In der City trägt
der Herr keine kurzen Hosen. Mit
einem blitzenden Goldkettchen,
dicker Rolexuhr, offenem Hemd
und solariumbraunem Teint wird
man Sie unverzüglich ins Luden-
milieu einreihen. Mit dezentem
Kostüm oder blauem Blazer zur
grauen Hose gehen Sie dagegen
rein äußerlich fast schon als
Hanseat durch.

Über Preise mosern
Ja, Hamburg ist teuer. Jede Großstadt ist teuer. Jammern Sie deshalb nicht, wenn der Cappuccino
mal vier Euro kostet. Natürlich ist
er in der Provinz billiger – aber
was wollen Sie da?

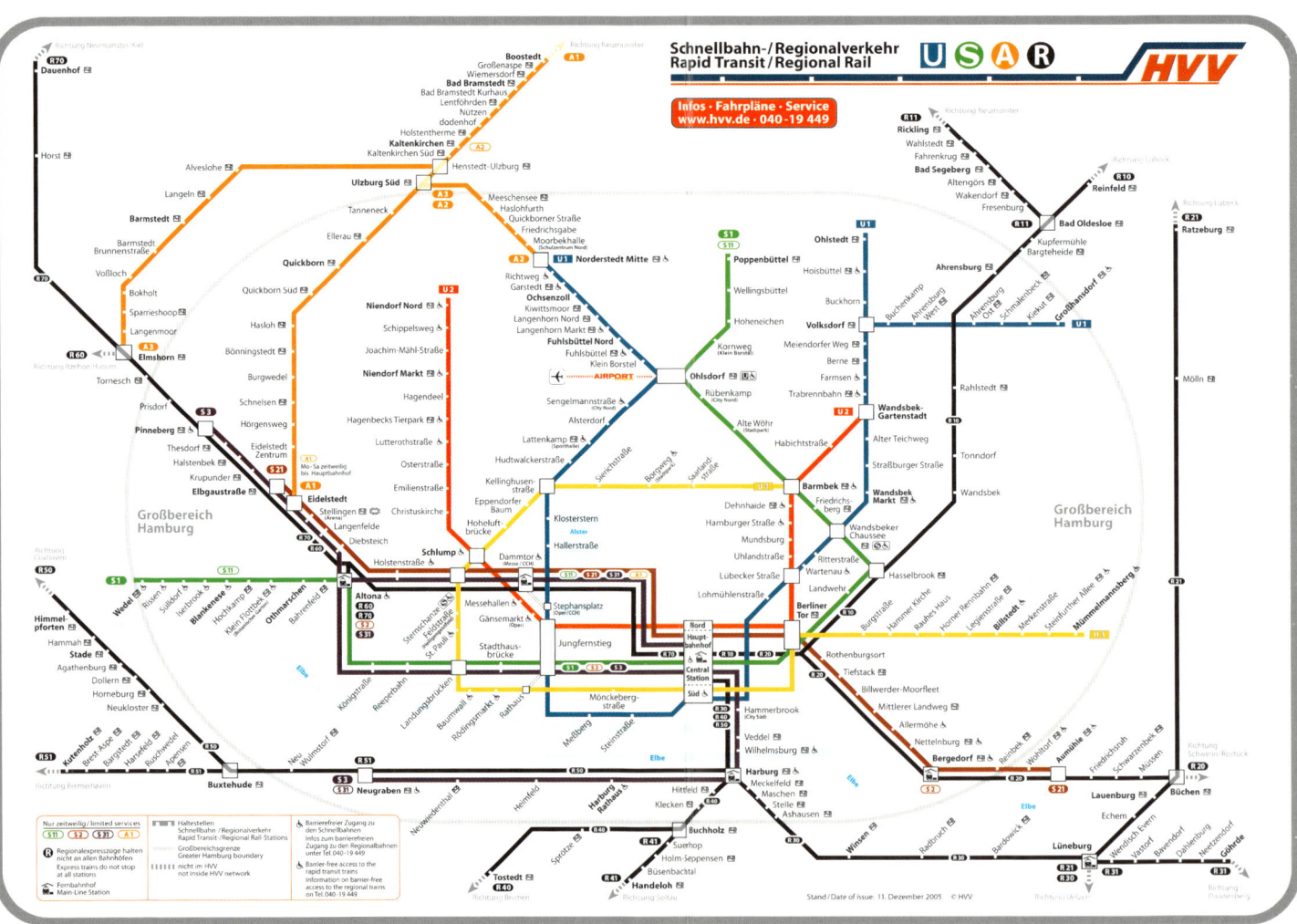

MARCO ● POLO

ISBN 978-3-8297-0
ISBN 3-8297-013

Stadtspaziergänge
1 Die Passagen
2 Mehr Brücken als Venedig
3 Das Blankeneser Treppenviertel
★ **Die wichtigsten MARCO POLO Highlights**
Die Beschreibungen zu den MARCO POLO Highlights finden Sie auf den Seiten 4 und 5.